はじめての 米国株 1年生

新・儲かるしくみ 損する理由がわかる本

安恒 理 Osamu Yasutsune

はじめに

本書を手にとっていただいた動機は、読者の方々それぞれだと思います。


「老後に備えてお金を貯めたい」

「手持ちの少ない収入を増やしたい」

「将来家を建てるため、資金を貯めたい」


いずれにしろお金を貯めたいという点では共通している動機でしょう。

株式投資は、その意味でふさわしい手段に違いありません。

しかし、なかにはリスクを負う投資を嫌う方もおられるかと……。

「株式投資は怖い」と腰が引ける方々は、超低金利の銀行預金などで運用されることと思われます。


でも、よくよく考えてみてください。

果たして、銀行預金がノーリスクだと思いますか？ もし今後、インフレにでもなったら虎の子の預金は実質的に目減りしてしまいます。

たとえば、2020年は新型コロナ禍で大騒ぎとなりました。日本政府はウイルス対策のほか、経済対策でも巨額のお金をつぎ込んでいます。これは将来的に「増税」の引き金になるのではないか、あるいはインフレーションを巻き起こすのではないかという懸念があります。

さらに「日本円」だけで資産を持つことのリスクも潜在的にあるのです。将来にわたって日本円が現在の価値を維持し続けるとは限りません。

つまり**リスクの分散という意味でも、米国株を代表とする外国株投資はこれから重要性を増すものと思われます。**

米国株投資のノウハウを紹介する前に、私の投資体験を紹介しておきます。そもそも株式投資について本を書かれる方は、たいてい証券会社といった金融機関でディーラーをやっていたか、シンクタンクに勤務しておられた「金融のプロ」であることがほとんどです。

あるいは個人投資家として独自のノウハウで少額の資金を億単位まで増やした方ばかりです。ちなみに私は、そのどちらでもありません。

大学卒業後、出版社に勤務して雑誌の編集者として過ごします。

私が株式投資を始めたのは、忘れもしない1987年10月17日。

証券口座開設と同時に買い注文を出し、約定したのが週明けの月曜日、10月20日です。そう、ブラックマンデーその日でした。

その後、バブル経済でいい思いをし、バブル経済崩壊で苦い思いもしました。

その後、出版社を退社、フリーライターとして独立。そこで依頼を受けた仕事に、初心者向けの株式投資のノウハウ本がありました。

私はとくにものすごく稼いだ実績があるわけではありません。

単なる経験者として初心者向けに株式投資をスタートさせるノウハウを紹介しただけです。

その後、2000年初頭には、興味半分から中国株をスタートさせました。

とくに中国事情に詳しかったわけでなく、単にマクロ経済の視点から「中国経済は伸びる」と読んでの投資でした。これはうまくいきました。特別なノウハウがあったわけでなく、時流に乗っただけです。

アメリカ株にはずっと興味を持っていましたが（理由は、本文で触れるアメリカ株の強い魅力です）、スタートしたのは2020年初頭です。例の新型コロナ騒動でアメリカ市場が乱高下したことがきっかけでした。大きく下げたところが「チャンス」と見たわけです。

アメリカ株については、初心者の域を出ないかもしれませんが、読者目線で一緒に学びながら執筆しました。数は多くありませんが、周りの「米国株投資家」先輩方を取材させていただきながら、わかりやすくまとめたつもりです。

ぜひ皆さんも、アメリカ株の魅力と可能性を感じていただければと思います。

安恒 理

※本書では特定の銘柄・取引を推奨するものではございません。取引に当たっては、ご自身のご判断でお願いいたします。
※売買で被られた損失に対しは、いかなる場合も著者・発行元はその責任を負いません。
※本書の内容は、執筆時点の情報です。

はじめての

米国株1年生

もくじ

PART 1 そもそもなぜ米国株がいいの？

PART 2 さあ！ 米国株投資をはじめよう

PART 3

いよいよ投資銘柄を選んでみよう

PART 4

投資信託で分散投資をしてみよう

PART 5

株価を動かす経済指標を押さえよう

PART 6

世界一の投資家に学ぶ！ 投資の極意

PART 7

何が違う？ 米国株で勝てる人 vs 負ける人

◉ ブックデザイン　石山沙蘭
◉ 図版制作　田中まゆみ

PART 1

そもそも
なぜ米国株が
いいの？

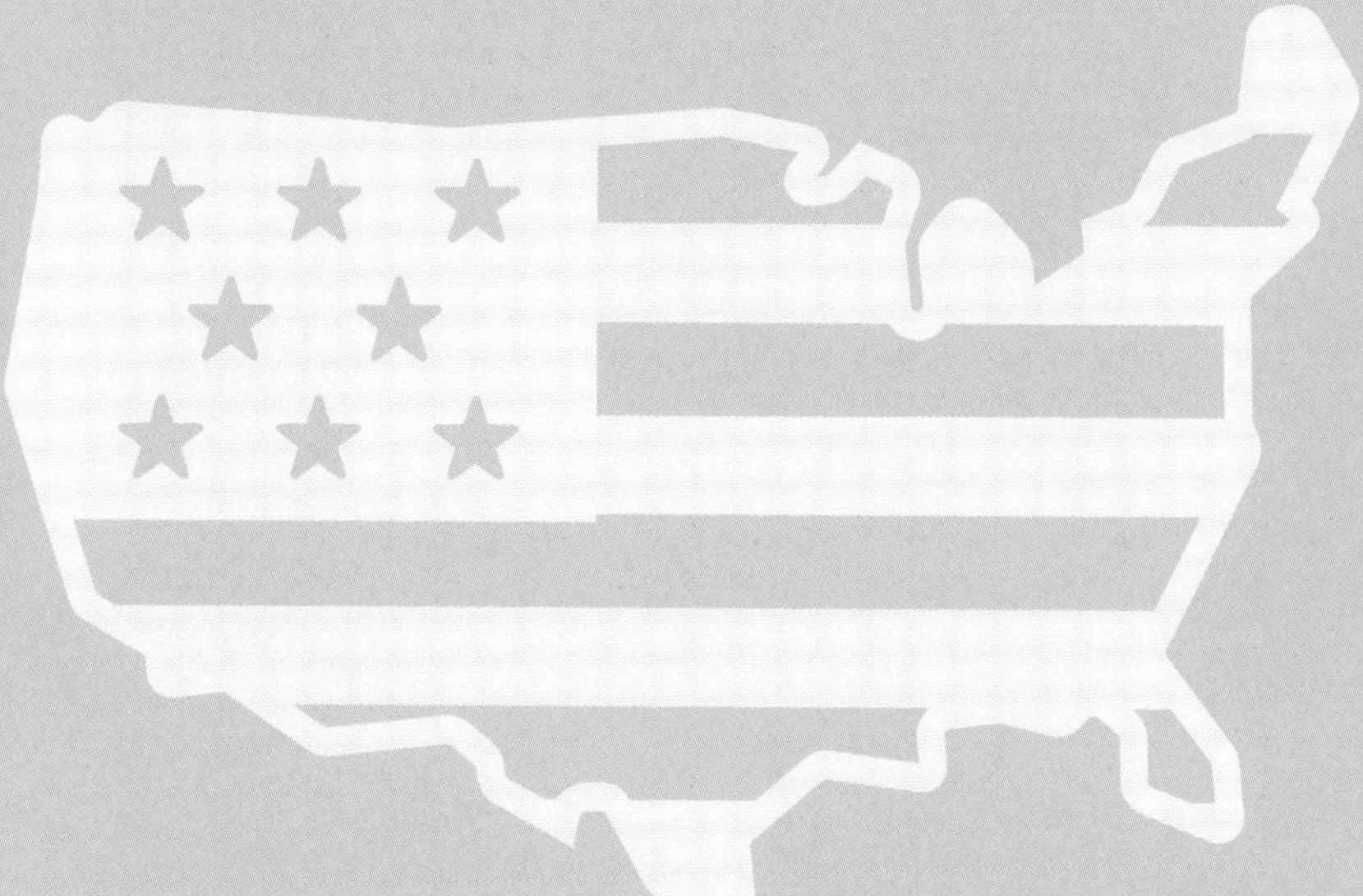

米国株の特徴①

数々の下落相場を乗り越えてきた

米国株の魅力はどこにあるのでしょうか。まずはこの点を説明したいと思います。

次のチャートを見てください。これは1991年以来の日米の株価を比較したものです。アメリカはダウ平均株価[1]、日本は日経平均株価[2]です。

これを見ると、**米国株は10倍強の上昇**を遂げている一方で、**日本株はわずか20%ほどの上昇**にとどまります。

とりわけ日本株はバブル経済時（1989年）のピークの高値をいまだに更新できていませんが、アメリカ株は数々の下落場面がありながらも、その都度乗り越え高値を更新し続けてきました。

古くは1930年台初頭の世界恐慌、1987年のブラック・マンデー、2008年のリーマン・ショックなどで大きく値を崩した場面がありましたが、**あとから振り返るとこれらは一時的な調整局面でしかありませんでした。**

「過去に株価が上がり続けたからといって、これからも株価が上がり続けるとは限らない」と思う方もいるでしょう。

しかしアメリカ経済は、今後も世界第一位の座を確保し続け、株価は高値を更新し続けることが予測されます。その理由を次に説明しましょう。

＊1　「ダウ平均株価」とは米国の代表的な株価指数で、S&P ダウ・ジョーンズ・インデックス社が算出している。「ダウ工業株30種平均」を指し、米国を代表する30社で構成される。

＊2　「日経平均株価」は「日経平均」や「日経225」ともよばれ、日本を代表する225社で構成される指数。日本経済新聞社が算出している。

約30年で米国株は10倍になった

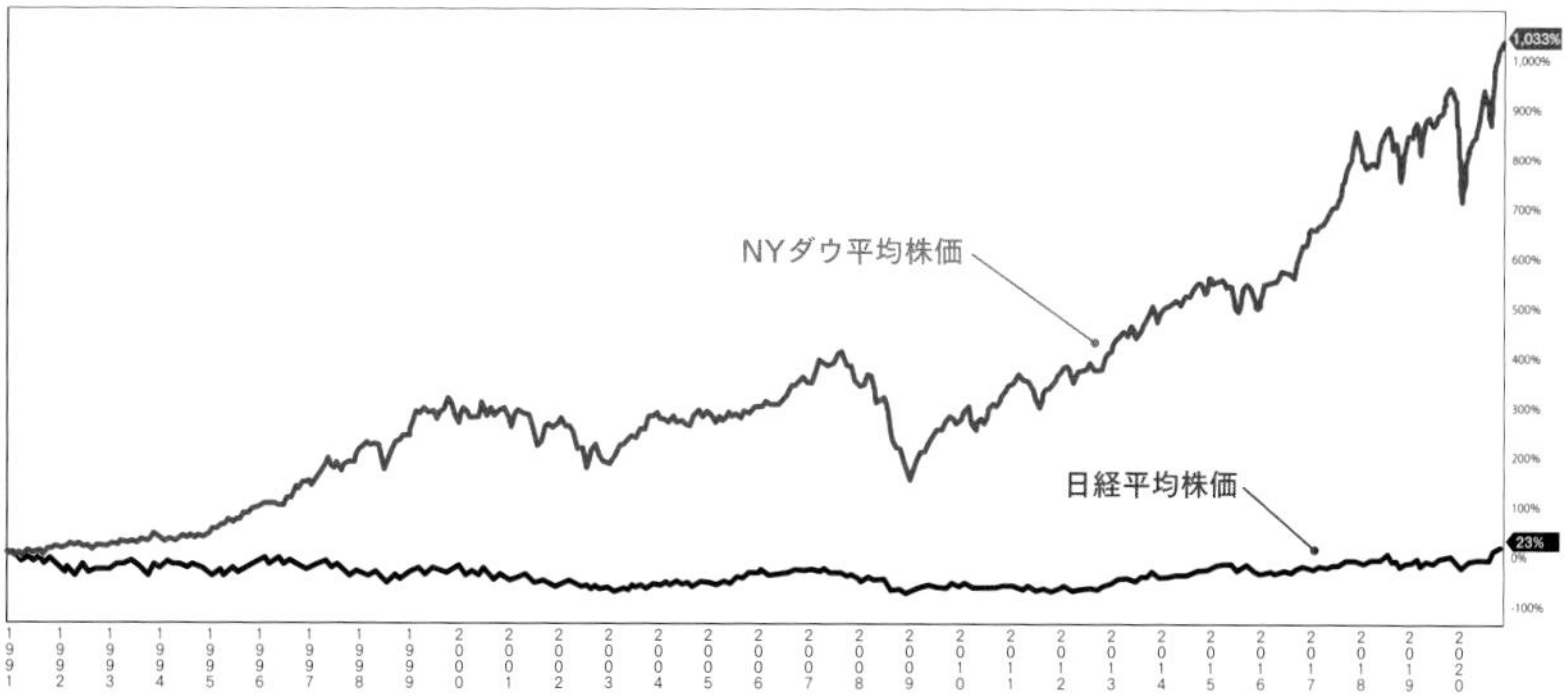

数々の株価急落局面を乗り越えてきた

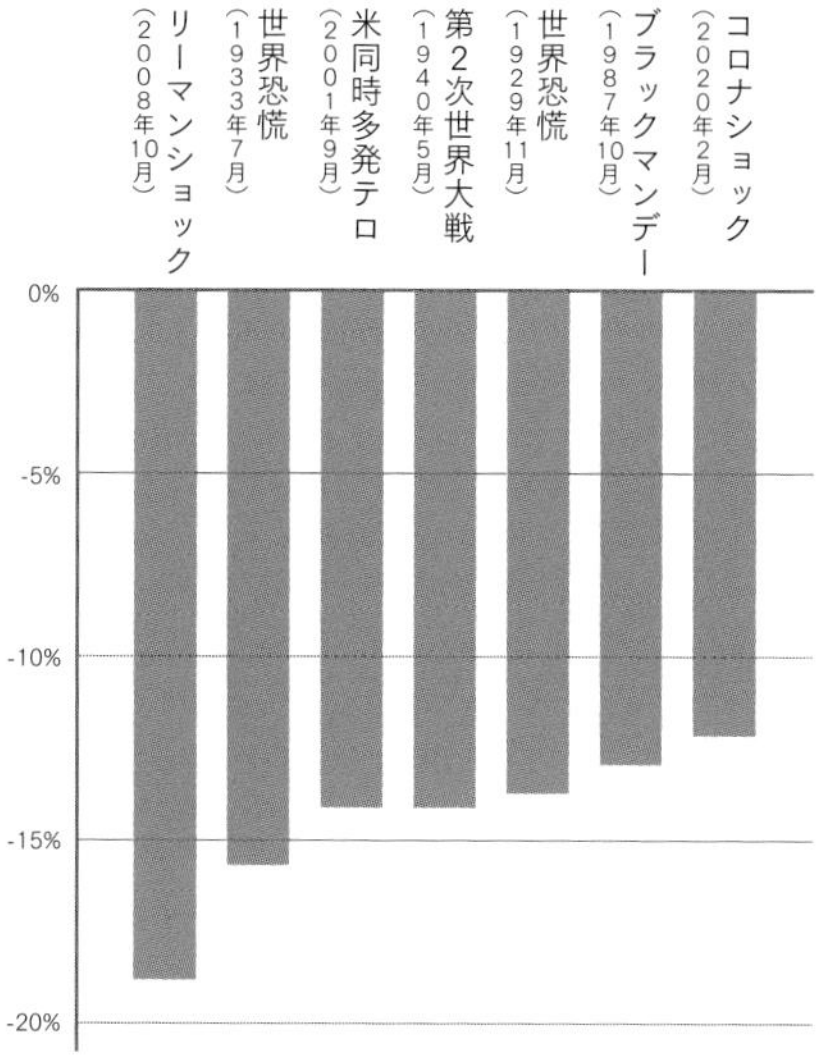

（NY ダウ、週間ベース）

米国株の特徴②

世界一の経済を支える人口増

2030年までに中国はアメリカのGDPを抜いて世界一になるという予想があります。しかし、その中国にも大きな弱点があります。中国はかつての「一人っ子政策」[*3]の影響で、少子高齢化が深刻化し、GDPでアメリカを追い越したときには、**中国の人口も減少期に入ります。**

人口は、経済を支える上で大きな要素となります。

ちなみに日本の総人口は1億2000万人強で、世界11位です。しかし2008年を境に人口減少が進み、このままいくと2060年には1億人を下回り、2090年には8000万人を割るという予測があります。

一方のアメリカは人口3億2000万人強を抱え、世界でも中国・インドに次ぐ世界3位の国です。しかも移民を受け入れているため、**2070年には人口4億人を上回り、先進国でもめずらしく人口が増え続ける国なの**です。[*4]しかも少子高齢化が進む日本や中国と違って、**14歳以下の人口も少しずつ増えている**ので、将来にわたってアメリカの経済力は維持できるのではないでしょうか。

人口減少が続く国より、**将来にわたって人口が増え続ける国のほうが経済力の成長が続き、その国の株式市場への投資は非常に魅力的になる**のです。

＊3　「一人っ子政策」とは、中国で1975年から40年間にわたっておこなわれた人口抑制政策。この影響もあり、2020年代後半には人口減少に向かうとされている。

＊4　米国はこれまでに約5000万人の移民を受け入れ（世界一）、今でも年70万人ほどを受け入れている。移民の占める割合は総人口の約15%に達する。

人口の見通し

出所：国連人口推計 2019

米国

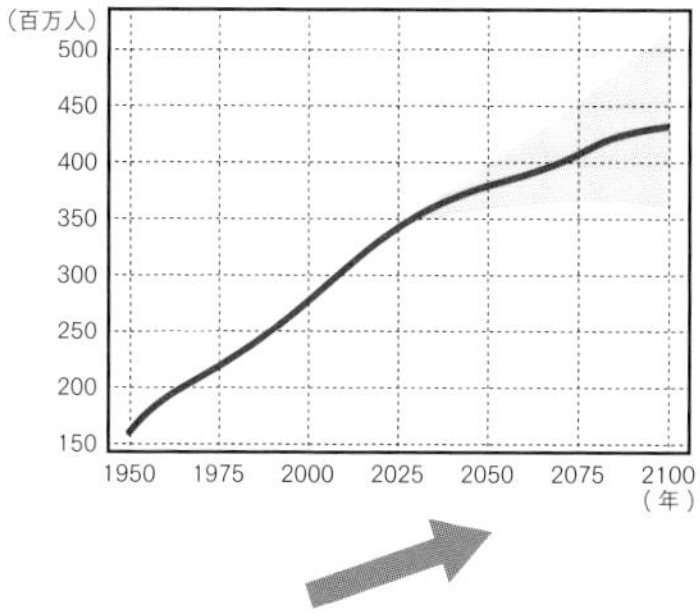

欧州

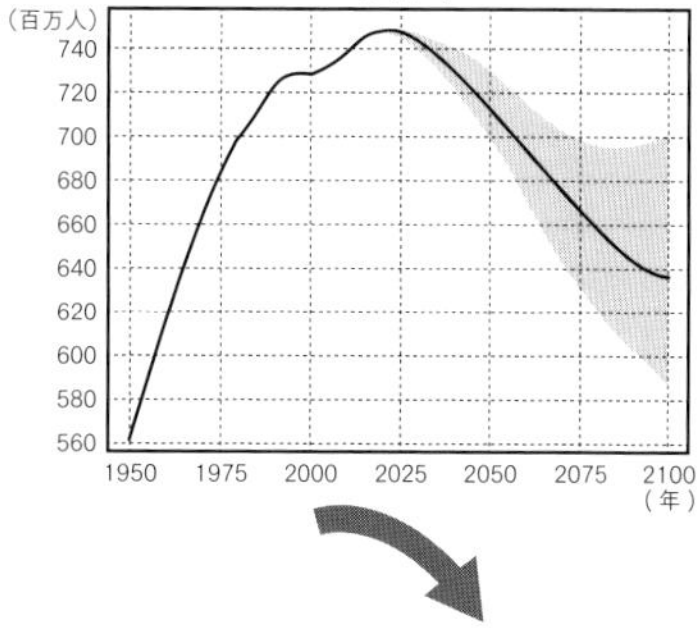

アジア

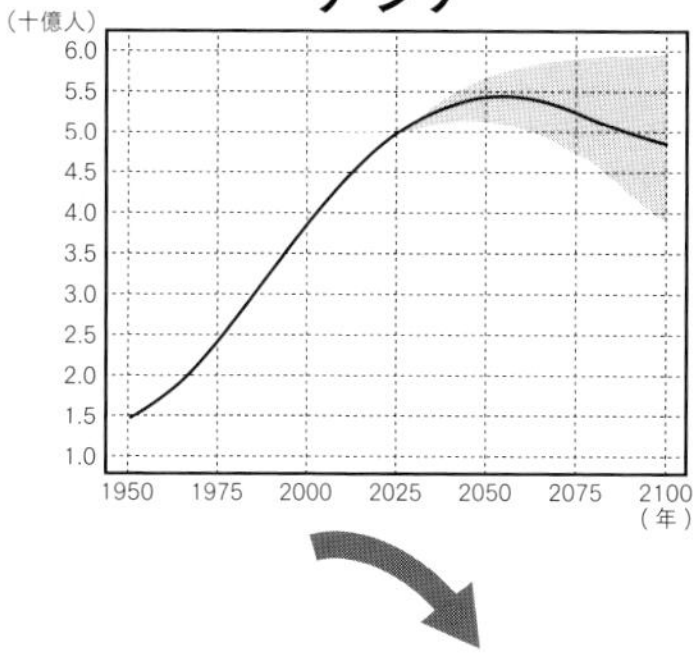

日本

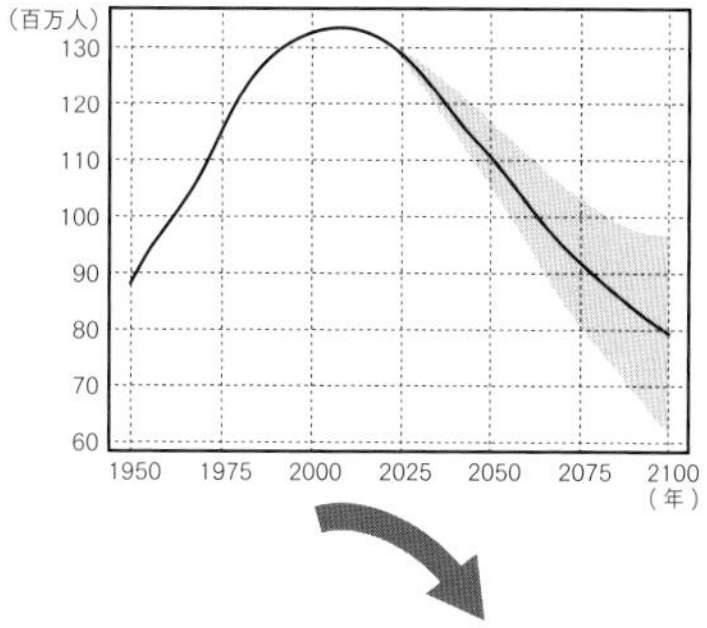

先進国のなかでは米国だけが、人口増を続けると予想されているんだ。

米国経済の強さの源泉

なぜ米国企業は強いの？

経済の基本ですが、株価を上げる大きな要因は、企業の業績がよくなることです。では企業の業績がよくなる要因は何でしょうか。一つは**技術力**、一つは**人材力**があげられます。たとえばアルファベットという企業がありますが、その傘下には日本でもよく知られている検索会社のグーグルがあります。グーグルは学生が創業した会社でした。最先端の技術を生みだした企業で、その株価は右肩上がりなっていることが証明しているように、成長著しい企業です。

　左の表は世界85カ国・1000の上位大学のランク付けしたうち、さらに上位20位を示したものです。[*5]

1位から4位までアメリカの大学が占めています。そして**上位20位中10校がアメリカの大学**なのです。

　最先端技術や優秀な人材はこういった大学から誕生しています。日本でも「知の流出」が騒がれて久しいですが、有能な学生や研究者、技術者がアメリカに流出しています。アメリカの経済が今後も期待できる要因がこのようなところにもあったのです。

　またノーベル賞でも物理学賞や医学・生理学賞のように科学部門での受賞者は、アメリカ人、あるいはアメリカの研究所で研究した人物が多いという事実があります。[*6]

＊5　このランキングはあくまでQS社が独自の視点で割り出したランキングで、筆者もあくまで1つの目安として参考程度にしか見ていない。
＊6　日本の受賞者も、アメリカでの研究が受賞対象になっていることがある。

世界大学ランキング

（「QS 世界大学ランキング 2021」より）

1位	マサチューセッツ工科大学（MIT）	米国
2位	スタンフォード大学	米国
3位	ハーバード大学	米国
4位	カリフォルニア工科大学	米国
5位	オックスフォード大学	英国
6位	スイス連邦工科大学チューリッヒ校	スイス
7位	ケンブリッジ大学	英国
8位	インペリアルカレッジロンドン	英国
9位	シカゴ大学	米国
10位	UCL（ロンドン大学）	英国
11位	シンガポール国立大学	シンガポール
12位	プリンストン大学	米国
13位	南洋理工大学	シンガポール
14位	スイス連邦工科大学ローザンヌ校	スイス
15位	清華大学	中国
16位	ペンシルバニア大学	米国
17位	イェール大学	米国
18位	コーネル大学	米国
19位	コロンビア大学	米国
20位	エディンバラ大学	英国
~~		
24位	東京大学	日本
38位	京都大学	日本

世界中から人材を引きつける理由はこんなところに現れているんだ。ちなみに日本の大学は上位50校のうち2校だけだよ。

米国株投資の成功者

「大富豪」も夢じゃない？

株式投資に疎い方でも**ウォーレン・バフェット**という名を聞いたことがあるのではないでしょうか。米国株に投資をおこない、世界有数の財産を築いた人物です。2020年はコロナ禍による株式市場の低迷で資産がやや目減りし、世界4位（フォーブス長者番付）となりましたが、長年ビル・ゲイツ（マイクロソフト創業者）についで世界第2位の地位を死守していました。

氏は1930年、アメリカ・ネブラスカ州オマハ生まれですが、生家は雑貨店です。とくに裕福な家に生まれたわけではないのですが、米国株投資でそれこそアメリカン・ドリームを実現させたのです。

一般人が大富豪に上りつめるには、企業を創業・上場させるか、世紀の大発明をして特許を取るか、または株式投資で成功を収めるか、手段は限られます。

株式投資はそのなかでももっとも一般人が手を出しやすい方法といえるでしょう。

もちろん世界有数の富豪を目指すなどといった大それた（？）野望を抱かずとも、人生を少しでも豊かにする手段として考えれば、株式投資はきっとあなたに価値をもたしてくれるでしょう。

本書でも、バフェット流投資術を少しずつ紹介していきたいと思います。[*7]

＊7　ウォーレン・バフェットと親しかった日本人に株式評論家の故・三原淳雄氏がいます。氏は生前、バフェットの投資術に関する書籍の著書や訳本を多数出版し、私自身三原氏に懇意にしていただきました。私は三原氏を勝手に師匠と仰いでいて、勝手ながら弟子の末席を汚していると自負しています。

「投資の神様」バフェットさんってどんな人？

- 1930年生まれの90歳（2020年現在）
- 1958年に購入した自宅に住み続ける
- コーラを毎日5本飲む
- ハンバーガーが大好物
- 読書が趣味
- スーツは中国製
- 唯一お金をかけているのがプライベート・ジェット
- 2000年以降の寄付総額は5兆円以上とも

バフェットさんは投資会社（株式会社）バークシャー・ハサウェイの代表で、この会社を通じてさまざまな会社に投資をおこなってきたんだ。

米国株投資の魅力①

よく知る企業がたくさんある

「知っているものだけ買え」
「遠くのものは避けよ」
という2つの投資格言があります。

これは、企業の事業内容をよく知っている銘柄を投資対象としろ、あるいは**投資するからにはその会社の事業をよく理解しなければならない**と戒めているのです。

ところが外国株、とりわけ新興国市場に投資するときには、この点が大きなネックになります。どうしても知らない会社ばかりになってしまうからです。

一方で、同じ外国市場のなかでも、アメリカ市場には日本人にも馴染みの深い企業がたくさんあります。左の一覧をご覧ください。

どうですか。どれもこれも少なくとも聞いたことがある企業ばかりでしょう。もしかしたら、実際に製品やサービスを利用したことがある（ユーザーになっている）という企業もあるかと思います。

これは別の見方をすれば、アメリカ企業が世界的規模で事業展開をおこなっている証でもあるのです。

よく知っていて、かつあなた自身がその会社のユーザーであるなら、その会社は十分魅力的な投資先の候補になるということです。

日本人にもおなじみの米国企業の例

●アイ・ビー・エム（IBM）
●アップル（AAPL）
●アマゾン・ドット・コム（AMZ）
●アメリカン・エキスプレス（AXP）
●ウォルト・ディズニー（DIS）
●エクソンモービル（XOM）
●コカ・コーラ（KO）
●ジョンソン&ジョンソン（JNJ）
●スターバックス（SBUX）
●フェイスブック（FB）
●ナイキ（NKE）
●マイクロソフト（MSFT）
●マクドナルド（MCD）

括弧内は「ティッカーシンボル」。詳しくは42ページで説明します。

もしかしたら日本の会社以上にこうした米国企業のヘビーユーザーになっている人も少なくないのでは？そんな会社はぜひ投資の候補に加えてみてください。

高配当の企業がたくさんある

米国株の魅力のひとつに、高利回り銘柄が多いという点があげられます。しかも25年以上も連続して配当額を増やしている銘柄も数多くあります。[*8]

日本株の配当は、**年に1〜2回**の企業が大半です。1回の配当を行なっている会社は、決算期末に株主として名を連ねている株主に配当の権利が与えられます。

3月決算の会社であれば3月末日に株主であれば、その権利が与えられ、配当は6月の株主総会後に行なわれるのが通常です。年2回の配当が行なわれる会社はこれに中間期決算（第2四半期決算、3月決算企業であれば、9月末）のときに株主に中間配当が行なわれます。

一方で米国株は、その多くで**年4回の配当**が行なわれます。四半期決算ごとに配当が行なわれるのです。もし米国株を3銘柄所有していたとしたら、年12回の配当がもらえることになり、まるで毎月配当を受け取るような計算になります。

日本株でも、年4回の配当を行なっている会社はありますが、その数はわずかです。[*9]

ちなみに、配当金は（証券会社によって違ってきますが）証券口座に外貨で振り込まれるのが主流となっています。

＊8　株主に還元された利益の一部を「配当」といい、業績改善や株主重視策にともなって配当を増やすことを「増配」といいます。
＊9　年4回配当は2006年の新会社法施行によって認められることになりました。

主な連続増配企業の日米比較

日本で20年以上の連続増配を実現している会社は
6社しかない

- ●花王（4452）　・・・30年連続増配で日本企業トップ！
- ●リコーリース（8566）
- ● SPK（7466）
- ●小林製薬（4967）
- ●三菱UFJリース（8593）
- ●ユー・エス・エス（4732）

※括弧内は「銘柄コード」

一方、米国企業では100社を超えている！

- ●スリーエム（MMM）　・・・60年以上
- ●コカ・コーラ（KO）
- ●ジョンソン&ジョンソン（JNJ）　・・・50年以上
- ●ウォルマート・ストアーズ（WMT）
- ●マクドナルド（MCD）　・・・40年以上
- ●アフラック（AFL）
- ●エクソン・モービル（XOM）　・・・30年以上

※括弧内は「ティッカーシンボル」

株価が上昇し、そのうえ配当を増やす高利回り企業が数多くあるんだ。

米国株投資の魅力③

株主の監視が厳しいから安心できる

米国市場が日本の市場と大きく違うところに、**経営基盤が盤石な企業が多いところと株主還元に積極的な企業が多い**ことがあげられます。

これは、いわゆる「モノ言う株主」の存在感が強いという背景があります。モノ言う株主（アクティビスト）とは、株主としての権利を積極的に使い、会社経営に影響を及ぼそうとする投資家です。*10

最近では日本企業にも外資系の投資信託などモノ言う株主が経営革新を求めるようになり、言ってみれば「生ぬるい」経営は排除され、株主還元も手厚くなってきました。とはいえ米国企業はずいぶん先を行っています。

例えば日本の上場企業の配当は、年1回かせいぜい中間配当と期末配当の年2回ですが、**アメリカ企業は年4回配当企業が多く占め、利回りも高め**となっています。

また先ほどアメリカ企業は経営が盤石と言いましたが、これには一つ理由があります。アメリカ人は「フェア精神」を重んじます。**フェアではない経営に対しては、日本よりはるかに厳しい目で見られる**のです。

企業統治において不正行為は厳しい罰則が設けられ、またチェック機能もより高度に働いています。*11

このため、日本にくらべて安心感はより高いといえるのです。

＊10 会社にいろいろな要求をして、配当を引き上げたり、株価を引き上げたりすることが目的です。かつて日本では、企業同士で株式の持ち合いをしたり、信託銀行や保険会社といった機関投資家が株を多数保有したりしていました。いわゆる経営に口出しをしない「モノ言わぬ株主」です。そのため会社経営は、どちらかといえば株主軽視になりがちでした。

株主による「プレッシャー」は日本よりはるかに厳しい

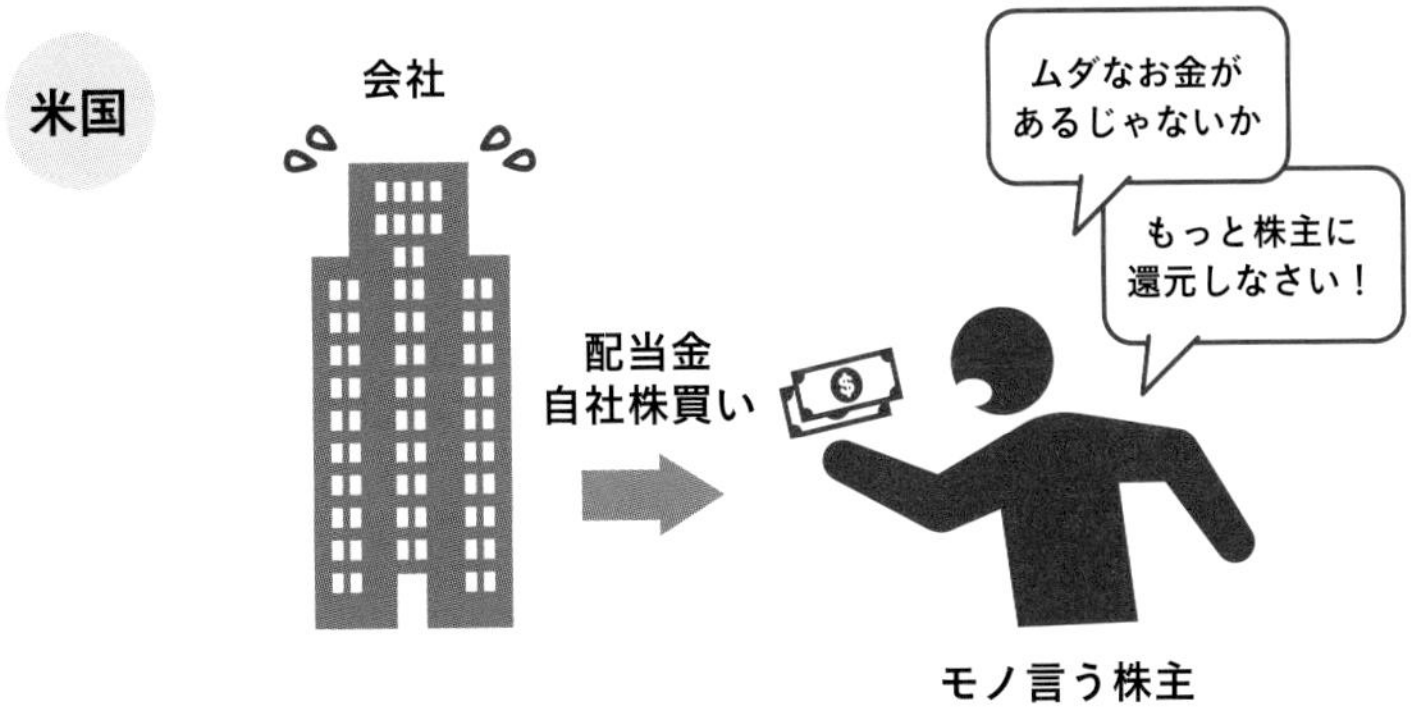
米国
会社
配当金
自社株買い
ムダなお金が
あるじゃないか
もっと株主に
還元しなさい！
モノ言う株主

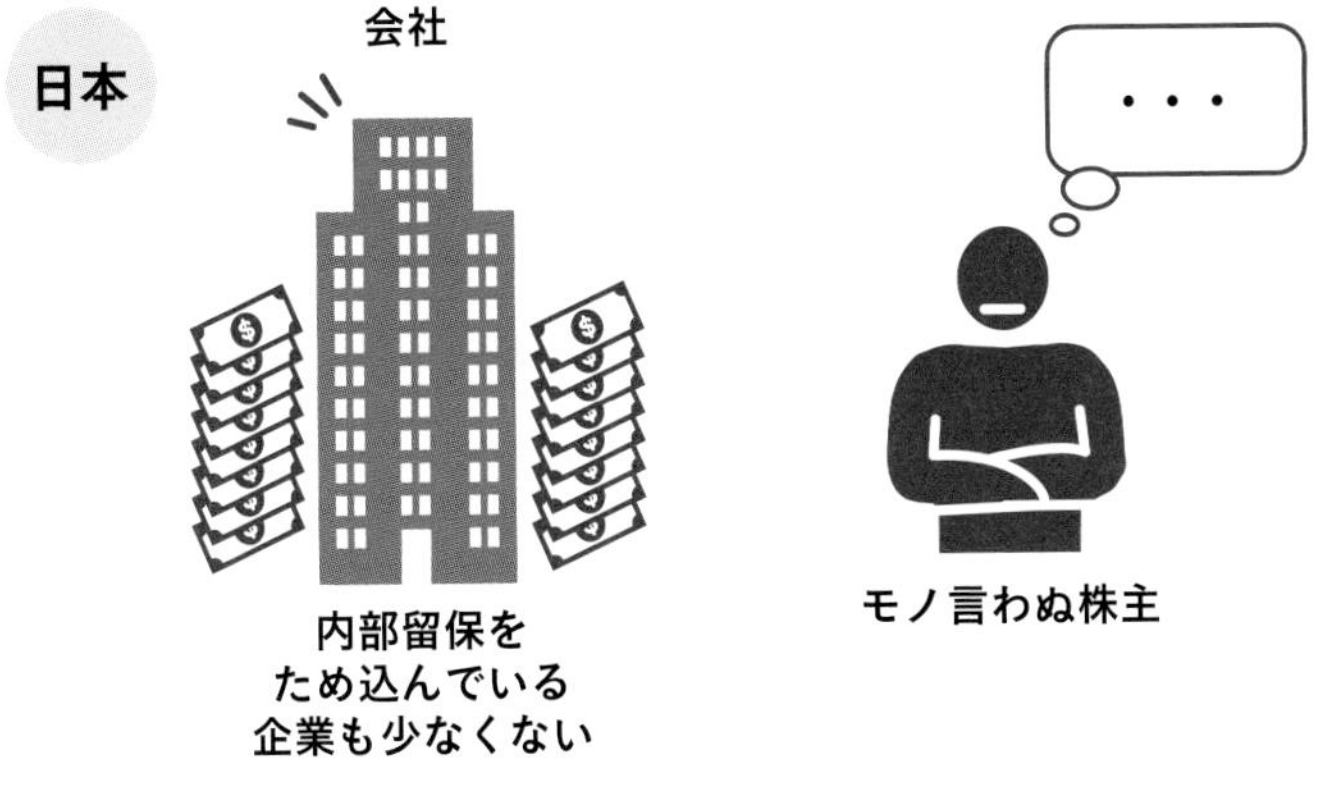
日本
会社
・・・
内部留保を
ため込んでいる
企業も少なくない
モノ言わぬ株主

米国市場は株主の「監視」が厳しいから、配当などで手厚い還元を得られることが多く、株主にとっては魅力的な市場なんだ。

＊11 日本では粉飾決算が発覚して、株価が大きく下落するといったケースが過去多数ありました。たとえばオリンパス（2011年）や東芝（2015年）といった有名かつ大企業でも発生し、そのたびに株価は大きく下落し、株主は大きな損失を押し付けられる結果となりました。

PART 2

さあ！
米国株投資をはじめよう

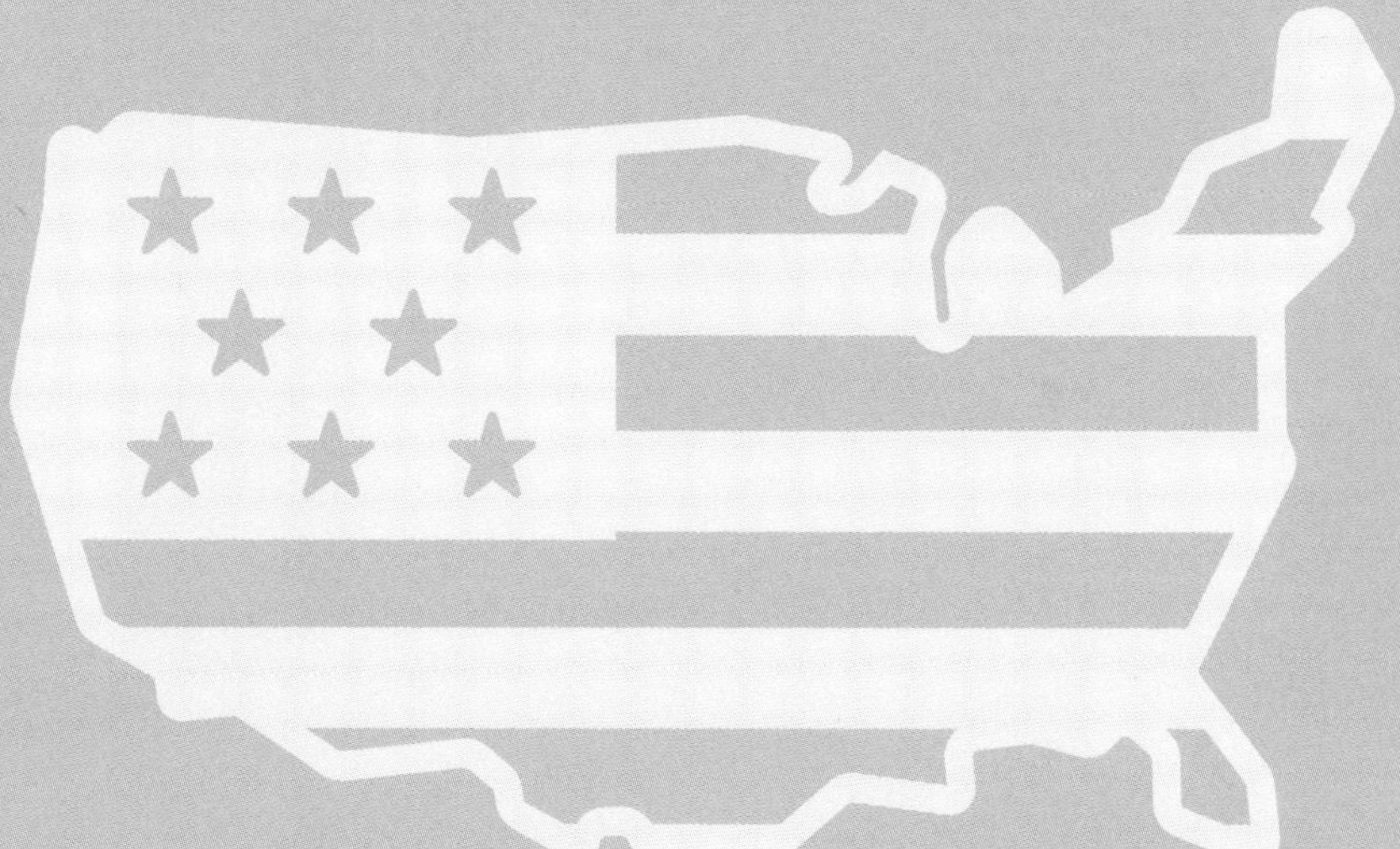

取引口座の作り方

証券会社で外国株口座を開こう

株の売買を行なうには、まず証券会社に取引口座を開設する必要があります。

米国株は**日本の証券会社**で取引できます。ただし米国株を扱う証券会社は限られます。また取引条件や取り扱う銘柄数に違いがあるので、比較検討しましょう。主な米国株取引が可能な証券会社は左記の通りです。

次にチェックしたいのが**手数料**です。本書では米国株は長期保有を推奨しているので、その投資法なら手数料の多寡はさほど問題ではないかもしれません。[＊1] それでも各社、まちまちの設定ですので注意しておきましょう。気をつけたいのは、**為替手数料**がかかることですが、この点は54ページで説明します。

証券会社を選んだら、次は取引口座を開設します。

もし米国株を扱う証券会社で、日本株の取引を行なっていたら、米国株取引口座の開設はカンタンです。証券会社のＨＰに**「外国株口座開設」**という項目があるはずなので、クリックし、そこに表示された指示通りに進めます。

初めて株式投資を行なう方は、左の手順で手続きを進めましょう。

証券会社に口座を開設するのは**無料**で、複数の証券会社に口座を開設することもできます。慣れてくれば使い分けるようにしてみるのもいいでしょう。

＊1　デイトレードのように1日に何回も取引する手法では、手数料の差は大きくなりますが、長期投資の場合は気にしなくていいレベルに各社値下げをしています。

主要証券会社と取扱い銘柄数

取扱い銘柄数が 3000 社を超える証券会社

マネックス証券（3800 銘柄以上）
SBI 証券（3600 銘柄以上）
楽天証券（3500 銘柄以上）

下記の証券会社でも主要企業は十分カバーされている

DMM.com 証券（約 900 銘柄）
ＳＭＢＣ日興証券（約 700 銘柄）

注文可能時間は証券会社によって違うため、それぞれ確認をしよう。

口座開設の手順

① まず選んだ証券会社のＨＰを開きます。
② トップページの「口座開設」ボタンをクリックし、住所、氏名、その他記入する必要項目を記入します。
③ 運転免許証やマイナンバーカードなどの身分証の写真を送付します
④ 審査にパスすれば証券会社から暗証番号、取引パスワードなどが送られてきます。
⑤ 証券会社が指定する金融機関の口座に、投資資金を振り込めばいよいよ準備完了です。

ちょっとひと言
私の知り合いの投資家に、英語がしゃべれないからと米国株投資に尻込みする人がいました。でもはっきり断言しますが、英語など話せなくても（読めなくても）米国株は買えます。大丈夫だと思いますが、念のためお伝えしておきます。

世界の4割を占める巨大な市場

アメリカの株式市場には、大きく分けて2つの市場があります。**ニューヨーク証券取引所**（NYSE）と**ナスダック証券取引所**（NASDAQ）です。[＊2]

NYSEは時価総額規模で世界最大の証券取引所です。英国ロンドン取引所に次ぐ古い歴史を持ち（1792年設立）、2300以上の企業が上場しています。

2つの取引所をあわせた米国市場全体の時価総額は約40兆ドル（約4200兆円）を超え、日本の約6倍もの市場規模をほこります（左図参照）。

多くの上場企業がグローバル企業で、コカ・コーラやゴールドマン・サックスといった日本でもよく知られた企業が上場しています。[＊3]

大型の優良企業を多く抱えるNYSEに対し、新興企業が多数上場しているのがNASDAQです。アマゾンやアップル、フェイスブックといった成長力が高いIT企業が多いという特徴があります。

たとえば日本一の時価総額をほこるトヨタ自動車は、世界一のアップルに比べると、その時価総額はおよそ10分の1にすぎません。いかに米国市場が巨大かがわかるでしょう。

世界の経済成長を運用成果に取り込むには、**時価総額の4割を占める米国市場**への投資が不可欠ともいえるのです。

＊2　NESEはNew York Stock Exchange、NASDAQはNational Association of Securities Dealers Automated Quotations の略。NYSEは取引所がニューヨーク市のウォール街にありますが、NASDAQはコンピュータシステムのみでの運営のため立会場（取引所）はありません。

＊3　ソニーやトヨタ自動車、三菱UFJフィナンシャル・グループといった日本を代表する大企業も上場しています。

世界でも突出した米国の市場規模

世界の主要市場の株式時価総額

（2021年1月末現在、ブルームバーグ調べ）

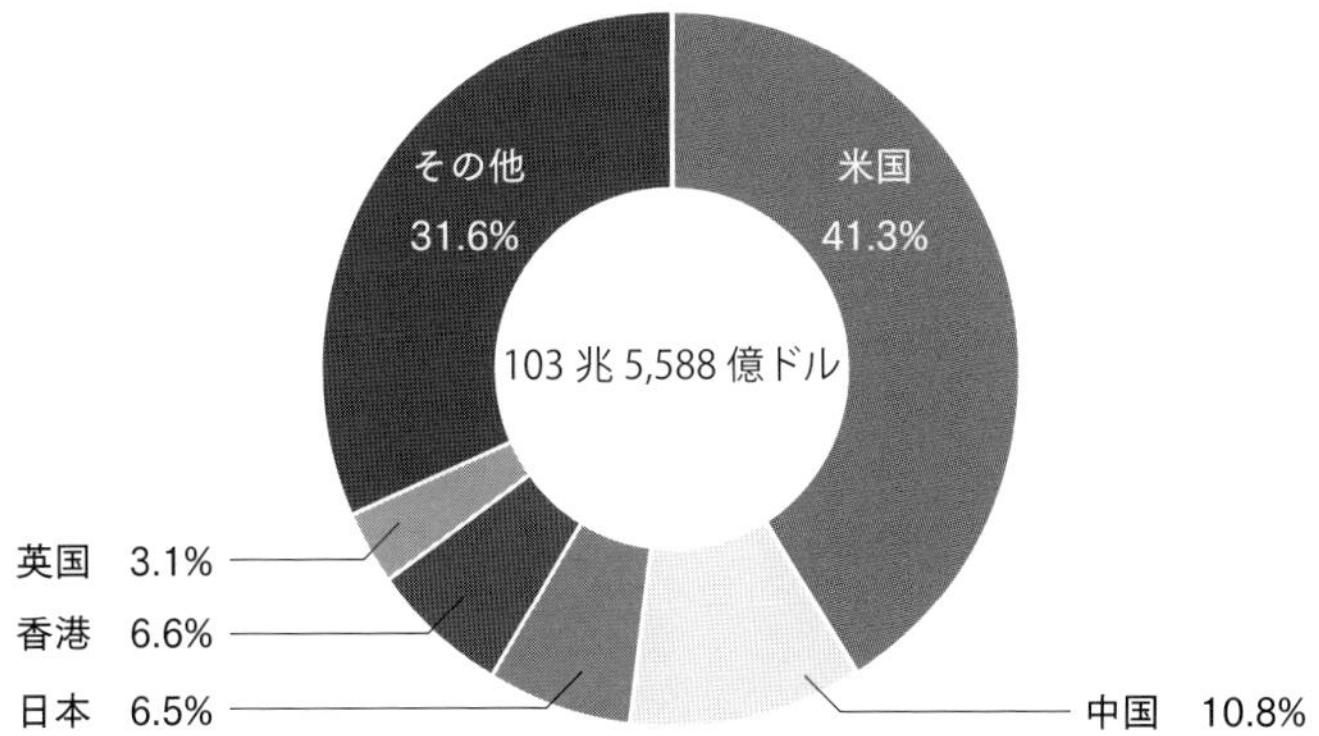

世界の株式時価総額上位銘柄

順位	企業名（国）	時価総額（億ドル）
1位	**アップル（米国）**	22,154
2位	**サウジアラムコ（サウジアラビア）**	18,529
3位	**マイクロソフト（米国）**	17,495
4位	**アマゾン・ドット・コム（米国）**	16,087
5位	**アルファベット（米国）**	12,390
33位	**トヨタ（日本）**	2,273

（2021年1月末現在、ブルームバーグ調べ）

世界経済の"中心"が米国と言われるのが、これを見るとよくわかるよね。

代表的な株価指数とは？

1つの銘柄の動きではなく、市場全体、あるいは特定（工業株、IT関連株など）の銘柄群の株価の動きを示す数値が**株価指数**です。市場の動きを探るだけでなく、投資信託のベンチマークとして使われることもあるので、チェックしましょう。

アメリカの株式市場には、代表的な株価指数として次の3つがあります。

- **NYダウ（ダウ工業株30種平均株価）**
- **ナスダック総合指数**
- **S&P500**

このうちNYダウとナスダック総合指数は、日本のニュースでも伝えられているので、なじみ深いという方も多いでしょう。

NYダウは米国でもっとも古い株価指数で、S&Pダウ・ジョーンズ・インデックス社[*4]が選んだ30銘柄で構成されています。選定基準は、企業の成長性や投資家の注目度で、アップルやマイクロソフト、マクドナルドといった有名な企業が名を連ねます。

ナスダック総合指数はナスダックに上場しているすべての銘柄を対象にしています。1971年2月5日の時価総額を100として算出しています。

S&P500[*5]は、NYSEとNASDAQの上場企業のなかから代表的な500社を対象にしています。

＊4　もともとは経済新聞「ウォールストリート・ジャーナル」の発行元であるダウ・ジョーンズ社によって算出されていた。
＊5　NYダウと同じS&Pダウ・ジョーンズ・インデックス社が算出している株価指数。

NY ダウとは？

- ●対　象　米国企業を代表する銘柄
- ●銘柄数　30
- ●特　性
  - ・構成銘柄の平均株価を指数化
  - ・輸送と公共事業以外の業種のうち、評判が高く、成長が持続的で、投資家の関心が高い企業
  - ・「工業」以外の業種も多数入っている

約 120 年で 620 倍を超えるパフォーマンス

（1896 年～ 2020 年、対数グラフ）

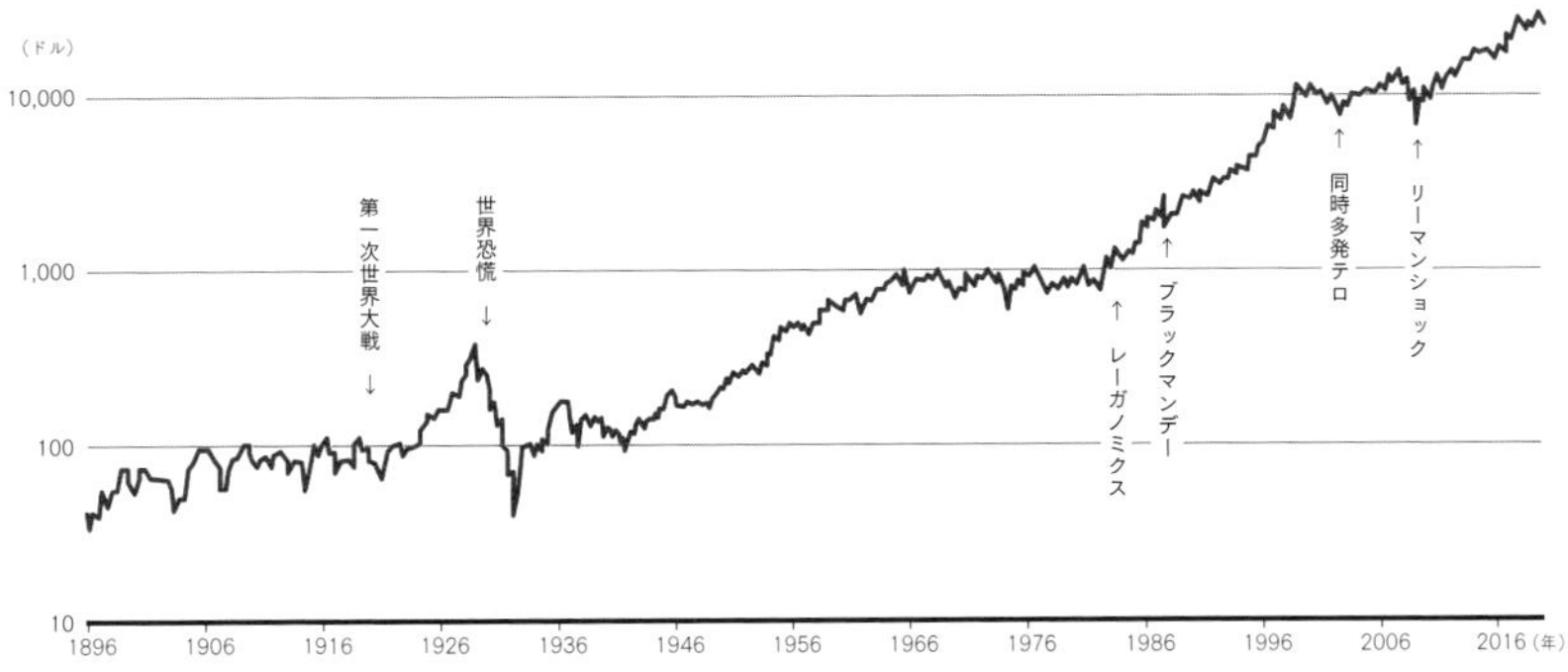

出所：ブルームバーグ等をもとに作成

世界恐慌や戦争をはじめ、数々の危機を乗り越えてなお上昇を続ける「力強さ」を感じるね！

NY ダウの構成銘柄

銘柄の入れ替えはたびたびおこなわれている

- **直近では 2020 年 8 月に 3 銘柄が入れ替え**
- **新しく追加された銘柄**
  - **セールスフォース**（顧客管理の IT 企業）
  - **アムジェン**（バイオ医療）
  - **ハネウェル・インターナショナル**（産業機械）
- **除外された銘柄**
  - **エクソン・モービル**（石油メジャー）
  - **ファイザー**（製薬大手）
  - **レイセオン・テクノロジー**（軍用機器・航空宇宙関連）

過去の銘柄入れ替えの例

	追加	除外
2012 年 9 月	ユナイテッドヘルス グループ	クラフトフーズ グループ
2013 年 9 月	ビザ ゴールドマン サックス グループ ナイキ	アルコア バンク オブ アメリカ ヒューレット パッカード
2015 年 3 月	アップル	AT&T
2018 年 6 月	ウォルグリーン・ブーツ・アライアンス	ゼネラル・エレクトリック

厳しい選別に耐えてきた、名実ともに米国を代表する企業群が NY ダウを構成しているんだ。

ナスダック総合指数とは？

●対　象　電子株式市場「NASDAQ（店頭株式市場）」に上場している銘柄
●銘柄数　3000 以上
●特　性
・1971 年 2 月 5 日の株価を基準値 100 とする
・ハイテクやインターネット関連の銘柄多い
・代表銘柄　アップル／マイクロソフト／アマゾン／アルファベット（グーグル）／フェイスブック／インテル／ネットフリックス／スターバックス

S&P500 とは？

●対　象　NYSE と NASDAQ 市場に上場している時価総額が大きい銘柄
●銘柄数　500
●特　性
・1941 年から 43 年の平均を 10 として指数化
・大型株が中心で、分散効果が効きやすい
・米国株式市場全体（時価総額）の約 8 割をカバーしている

1株から購入できる

米国株が日本株と大きく違うのが「売買単位」です。

日本株は最低売買単位が100株となっていますが、**米国株は1株から購入できる**ようになっています。そのため比較的低予算で購入できる銘柄が多くそろっているのです。

銘柄の注文は、銘柄名を入力するか、**ティッカーシンボル**（以下、ティッカー）で入力すると便利です。ティッカーとは、銘柄名を短縮したアルファベット表記です（左記）。

日本の上場企業に割り振られている4ケタの数字、証券コードに相当します（会社ごとの背番号のようなものと思ってください）。

注文方法には大きく分けて「成行《なりゆき》注文」と「指値《さしね》注文」の2つがあります。

成行注文は、注文時点での価格で売買します。ただし注文した時点から約定《やくじょう》するまでわずかなタイムラグがあるため、注文時の価格で売買できるとは限りません。

これに対し、**指値注文**は価格を指定した上で注文を出します。買いのときであれば、その指定した価格以上の値段で注文が成立することはありません。[*6]

確実に購入したいのであれば、成行注文、高値で購入したくなければ指値注文で注文します。

＊6　たとえば株価が101ドルの銘柄を100ドルの指値で注文したとしましょう。この場合は、株価が100ドル以下にならない限り買いは成立しません。

売買単位の違い

日本株

株価 × 100 ← 100株単位で取引

米国株

株価 × 1 ← 1株単位で取引可能！

ティッカーシンボルの例

▼銘柄名	▼ティッカーシンボル
ボーイング	BA
ゴールドマン・サックス	GS
ビザ	V
コカ・コーラ	KO
ウォルマート	WMT
アップル	AAPL
インテル	INTC

よく見る銘柄はティッカーシンボルを覚えておくと、すばやく検索できるよ。

成行注文とは？

注文方法

「いくらで売買するか」決めない
※株価は決めずに発注

メリット

確実に売買できる可能性が高い
（指値注文より優先される）

デメリット

いくらで売買できるかわからない
（思わぬ値段になることも…）

「早く売買したい！」「今売買したい！」といった場合には、成行注文がおすすめだね。

指値注文とは？

注文方法

「いくらで売買するか」決める
※株価を自分で決めて発注

メリット

予想外の株価で決まることがない
（自分の希望を反映した売買ができる）

デメリット

希望の株価にならないと売買できない（買えない／売れないことも…）

思わぬ値段になるリスクを避けたいなら、指値注文がおすすめだよ。

取引できる時間帯

米国の証券取引所がオープンする時間帯は日本の夜にあたります。

標準時間における立会時間は**23時30分から翌朝の6時まで**（日本時間）の6時間半になります。

ただ米国には「サマータイム」があり、**3月第二日曜日から11月第一日曜日のあいだは、22時30分から翌朝5時まで**となります。[*7]

サマータイムは8カ月もあり、日本から見ると、季節によって取引時間が変わることになるのです。

日本の証券取引所のように前場・後場はなく、**昼休みなし**の通しで取り引きがおこなわれます。

立会時間のほかに、時間外取引も開催されています。

現地時間の8時から9時30分までが**プレ・マーケット**、16時から20時までが**アフター・マーケット**とよばれ、立会時間も加えると取引時間は最大12時間にもなります。

決算発表でサプライズがあると時間外で株価が大きく動くこともあり、立会時間と同様に注目されています。

とはいえ米国株の時間外取引は、証券取引所でおこなわれるわけではなく、ブローカー同士の私設市場（電子商取引ネットワーク）を通して、オークション方式でおこなわれるものです。

＊7　米国にはタイムゾーンが6つあり、日本との時差は14時間から17時間です。証券取引所の取引時間はアメリカ東部の標準時刻で、日本との時差は14時間ですが、サマータイム期間だと13時間になります。

米国株の取引時間

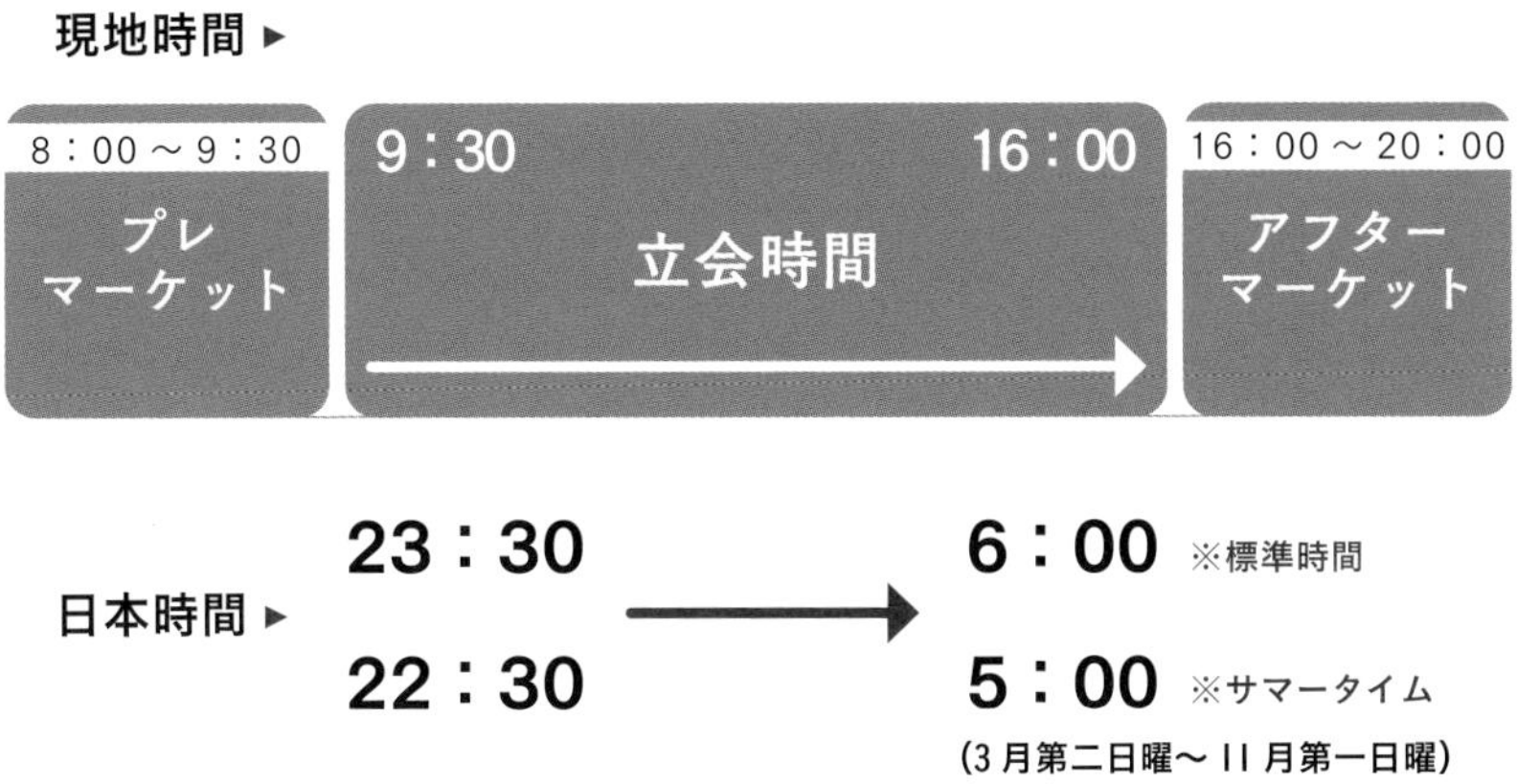

各証券会社の注文受付時間

●時間外取引ができるのはマネックス証券のみ

●各社の注文受付時間

- マネックス証券 ……… 24時間
- 楽天証券 ………………… 8：00～翌6：00
- SBI証券 ………………… 9：00～翌6：00（19：00～19：30を除く）

受渡日と祝日に注意しよう

取引の際の用語について説明します。

まず売買が成立することを**約定**《やくじょう》といいます。米国株の場合は、取引が成立した日を**現地約定日**といいます。

現地約定日の翌営業日が**国内約定日**です。この日に売買注文の成立を取引証券会社が最終確認します。

約定した注文の代金をやりとりすることを「受渡《うけわたし》」といいます。

受渡は国内約定日から起算して、3営業日目（国内約定日の2営業日後）におこないます。この日を**国内受渡日**といいます。

取引日にも違いがあります。

とくに注意しなければならないのは、年末年始です。

日本の企業はほとんどが正月休みになるのに対し、米国では**正月は1月1日のみが休日**になります。

日本の株式市場も12月30日の大納会から年明け1月6日の大発会の間は株式市場は休場となりますが、米国では元日（プラス土日）以外は取引が行なわれているのです。「正月安みだと油断しているうちに、株価が急変していた」といった事態も想定しなければなりません。

主な祝日は左記の通りです。

約定から受渡日までの流れ

購入 or 売却 ↓ **現地約定日**

1 営業日目 ↓ **国内約定日**

2 営業日目 ↓

3 営業日目 **国内受渡日**

米国市場の祝日（2021 年）

1月 1 日	元日	
1月 18 日	マーティン・ルーサー・キング・デー	1月第3月曜日
2月 15 日	プレジデント・デー	2月第3月曜日
4月 2 日	聖金曜日	イースター前の金曜日
5月 31 日	戦没者追悼記念日	5月最終月曜日
7月 5 日	独立記念日	7月4日（振替 7/5）
9月 6 日	レイバー・デー	9月第1月曜日
11月 25 日	感謝祭	11月第4木曜日
12月 24 日	クリスマス	

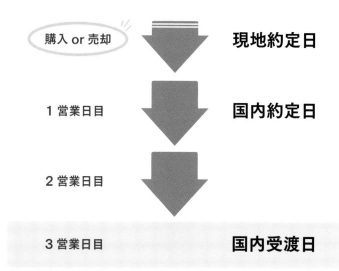

米国以外の企業にも投資できる

アメリカの市場にはADR[*8]（米国預託証書）という金融商品があります。

アメリカ国外の外国企業（日本企業も含む）、あるいはアメリカ企業の外国法人子会社などが発行する有価証券に対する米ドル建て預かり証書です。[*9] アメリカ企業の有価証券でも、また株式でもありません。

ADRの価格は、本国の市場の価格に連動しますが、需給バランスによって本国の株価とかい離するケースもあります。

ADRの仕組みは左に示しました。

ADRのメリットとして、本国が**海外の投資家に市場をオープンにしていない場合でも、その国の上場企業に投資できる**ことにあります。

たとえばインドの上場企業の個別銘柄を日本の個人投資家が購入することは今のところ不可能ですが、ADRを通じてなら投資することは可能です。

配当や株式分割なども受け取ることができます（ただし議決権はありません）。つまり、ADRを買うことで、当該企業の実質的な株主になることができるというわけです。

なお日本の証券会社で買い付けできるADRは証券会社ごとに異なります。お目当ての会社があるなら、事前に確認してみるといいでしょう。

＊8　America Depositary Receipt の略。
＊9　ADR を発行するには厳しい上場審査があるため、大手の優良企業に限られます。日本企業も数十社が上場していますが、トヨタ自動車やソニー、武田薬品工業といった著名企業です。

ADRの仕組みと銘柄

A社の株式が米国市場で上場するまでの流れ

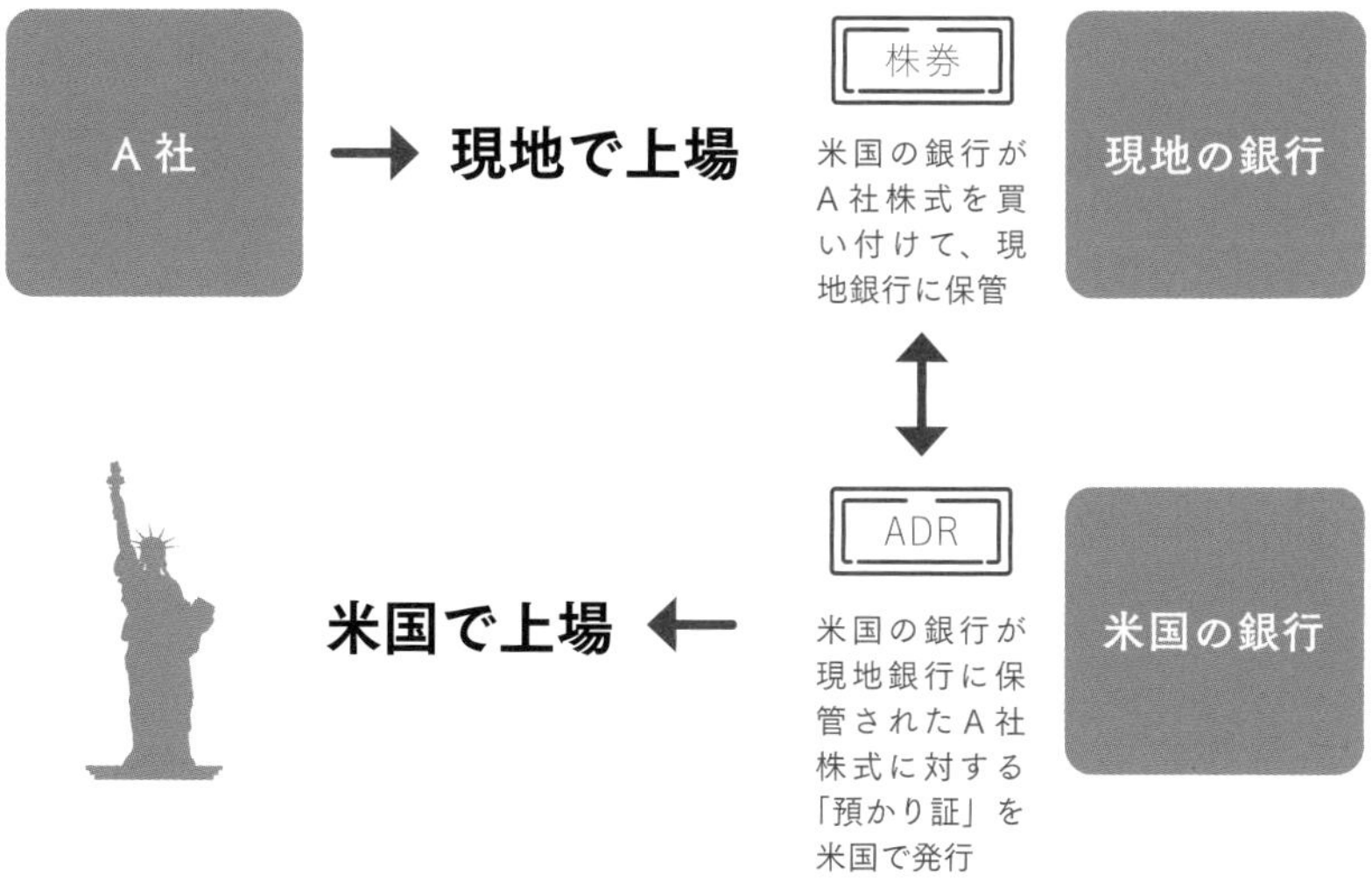
A社
現地で上場
株券
米国の銀行がA社株式を買い付けて、現地銀行に保管
現地の銀行
ADR
米国の銀行
米国で上場
米国の銀行が現地銀行に保管されたA社株式に対する「預かり証」を米国で発行

ADR銘柄の例

ティッカー	企業名	概要
HSBC	**HSBCホールディングス**	英国の金融コングロマリット
BP	**BP**	英国の石油メジャー
AZN	**アストラゼネカ**	英国の製薬会社
VALE	**ヴァーレ**	ブラジルの資源会社
TTM	**タタ・モーターズ**	インドの自動車メーカー
BHP	**BHPビリトン**	豪州の資源会社
GFI	**ゴールド・フィールズ**	南アフリカの産金会社
BIDU	**バイドゥ（百度）**	中国のネット関連会社
TSM	**TSMC（台湾積体電路製造）**	台湾の半導体メーカー

取引上の留意点①

短期売買には向かない

米国株に投資をするとき、どんなスタイルがいいのでしょうか。

その前に、株式投資のやり方を紹介します。ホールド（株を保有）する時間で投資スタイルが分けられます。

まずは、数週間からそれ以上に渡って株を保有する**長期投資**、次に、数日から長くて1～2週間程度の保有期間の投資を**スイングトレード**といいます。1日のうちに売り買いの決済を終えてしまう投資法を**デイトレード**といい、もっと短期間の数秒から長くて数分で終わらせる**スキャルピング**という超短期売買もあります。

長く保有する投資は、できるだけ大きい利幅を狙った投資法になる一方、短期売買になるほど小さな利幅を数多く積み重ねていくことになります。

そして大きな違いは、どの株を買うか、どのタイミングで買うかの判断基準です。

通常、どの会社の株を買うかを考える際、その会社の事業内容や業績について調べます。業績がこの先よくなるようであれば、株の価格（株価）は上昇すると判断します。これに対し、デイトレードやスキャルピングは会社の業績とか、事業内容はあまり関係ありません。

投資の種類と保有期間

投資法	保有期間
✓ 長期投資	数週間からそれ以上
✓ スイングトレード	1～2週間
✓ デイトレード	1日
✓ スキャンピング	数秒～数分

短期間でしか保有しないので、目先の値動きだけに注目すればいいのです。

米国株に投資するのであれば、長期投資に限ります。

米国株に投資するメリットといえば、高配当と値上がり益です。これに対し短期売買はその値動きに着目するわけですから、何も米国株でなくてもいいわけです。

そして米国株は売買にかかるコストが日本株より割高になります。頻繁に売買を繰り返すスキャルピングやデイトレードは、コスト高の米国株には向かないのです。

米国株投資では、じっくり長期保有することで「オイシイ果実」を得るようにしましょう。

取引上の留意点②

為替の動きも考慮しよう

米国株の価格表示は**米ドル**で、もちろん購入するのも米ドルです。ただ日本の証券会社を通して米国株を購入するときは**日本円でも購入できます**。その際、証券会社では片道およそ25銭のスプレッド[＊10]が徴収されます。もちろん、あらかじめ米ドルを用意しておき、買付代金にあてることも可能です。

ここで注意しておきたいのは、為替の問題です。円高のときに米国株を購入するか、円安のときに購入するかもコスト面で大きな違いが出るからです。

たとえば1ドル90円と1ドル１１０円のときとを比較してみましょう（左図）。

購入するときは、**円高時に米国株を購入するのが有利**ということになります。ただ、いざ購入しようとするときにかなり円安が進行していることも考えられます。そのため、あらかじめ円高水準と判断したときに、米ドルに交換して準備しておくといいでしょう。

為替の問題は、購入時だけではなく売却時も同様のことがいえます。

売却した代金はそのまま米ドルのまま証券口座に残しておくか、日本円に交換するか考えなければいけません。**円に交換する際は、より円安水準のときが手取り金額が増える**ことになります。

株価の推移とあわせて、ぜひ為替の動きにも気を配ることが大切なのです。

＊10　買値と売値の価格差のこと。為替取引においては、通貨を売るときの「売値」と買うときの「買値」の２つの為替レートがあります。

為替の違いによって生じる差

1株 100ドル

1米ドル 90円のとき	1米ドル 110円のとき
90円× 100ドル = 9000円	110円× 100ドル = 1万1000円

2000円もの差になる！

円から米ドルに換える場合は円高のときが有利

米ドルから円に換える場合は円安のときが有利

米国株を「買うとき」は、円高だと「少ない円」で多くの米ドルに交換できることになるんだ。

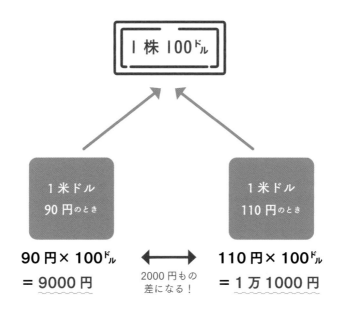

取引上の留意点③

取引が一時停止することもある

日本の株式市場では、一日の株価の変動幅（値幅）が決まっていて、一定以上の変動はできなくなっています。あまりに買われ過ぎると値幅上限の価格に張り付いて**「ストップ高」**となり、その営業日はそれ以上の価格では取引されません。逆に売られ過ぎても一定価格以上の値下りはなく、**「ストップ安」**となってそれ以上は下がりません。

ところが、アメリカの個別株にはこうした値幅制限がありません。そのため、1日で想定外の値動きをすることもあります。

その代わり、市場全体で一定以上の価格下落が起きた際に、取引所全体が取引を一時的に停止させることがあります。これを**「サーキットブレーカー制度」**といいます。

NYSE（ニューヨーク証券取引所）をはじめ各証券取引所に適用される制度で、左記のような状況になったときに発動します。

2013年に策定（改定）されて以降、2000年3月にはじめて発動しています。＊11

サーキットブレーカーが発動されたとき、取引所からは注文が取り消されますが、そのまま注文そのものが失効するケースもあります。

なお、レベル3発動以降の新規注文（価格訂正、注文取消含む）は受付されないのが普通です。

＊11 現行制度になってはじめて発動した2020年3月9日以降、同月12、16、18日と短い期間で立て続けに発動しました。「コロナ・ショック」がいかに激しい値動きだったかを物語っています。

日米における制限値幅の違い

日本株（個別株）

✓ **ストップ高・ストップ安がある**

1日に変動する値幅が
一定の範囲内になるように
制限されています。

米国株（個別株）

✓ **値幅制限がない**

1日に変動する値幅に
制限がないため、
大暴騰（大暴落）が起きる
こともあります。

サーキットブレーカー制度とは？

レベル1

- 現地取引時間　9：30～15：25
- S＆P 500が前日の終値より7％下落したとき
- 15分間、取引停止になる

レベル2

- 現地取引時間　9：30～15：25
- S＆P 500が前日終値より13％下落したとき
- 15分間、取引停止になる

レベル3

- 現地取引時間中（時間帯に関係なく）
- S＆P 500が前日終値より20％下落したとき
- 終日、取引停止になる

投資家に冷静になってもらう
ために設けられた制度なんだ。

取引上の留意点④

利益に対する税金はどうなる？

日本株投資では、株式の売買によって得た利益（譲渡益）には、税金がかかります。

米国株の場合、租税条約によって、**米国内では課税はされません。**その代わり日本国内で課税されます。**税率は年間通算損益の20・315％**で、日本株と同率です。

一方、配当金に対してはどうでしょうか。こちらは支払われた配当金に対して、日米で**二重課税**になります。

現地での課税分10％がかかるうえ、**国内での課税分20・315％が現地で課税されたあとの額に対してかかってくる**のです。

ただし確定申告をすれば、現地での課税分を国内の所得税や住民税から控除するかたちで戻されます（外国税額控除）。

さらに譲渡益税分、配当課税分は、やはり確定申告によって株式の売却益と損益通算させることができます。

もし売却益などと損益通算をしきれない損失分があれば、確定申告によって損失を３年間繰り越すことも可能です。

なお外国株の売却には、株式そのものの利益（損失）のほかに、為替の差益（差損）もあります。この為替差損益も含めた円ベースでの損益を「株式の売却益」とするのです。[*12]

＊12　特定口座であれば自動で損益計算がされますので、とくに手続きはいりません。

米国株を売却したら

売却益に対する税金 → 特定口座なら源泉徴収される

※確定申告は不要

✓ 米国内で課税されない

✓ 税率は20.315%（日本株と同じ）

配当金を受け取ったら

配当金に対する税金 → 源泉分離課税

※確定申告は任意だが外国税額控除を受けるには確定申告が必要

✓ 米国内で課税される（10％＝二重課税）

✓ 国内でも20.315%の課税（日本株と同じ）

配当金を受け取った際に米国内で払いすぎている税金10%を取り戻すには（外国税額控除を受けるには）、確定申告が必要なんだ。

取引上の留意点⑤

NISAも使える

株式投資において売却益（譲渡益）が出たり、配当金を受け取ると税金がかかりますが、この利益に対して、一定の非課税枠が設定された制度があります。

この制度を**「少額投資非課税制度」**（**NISA・ニーサ**）といいます。

NISAには左記の3種類がありますが、ここでは一般的なNISA（**一般NISA**）について、その仕組みを説明します。

制度名に「少額」とあるように、投資額が**1年あたり120万円が上限**となっており、その金額内の投資に対しての**譲渡益・配当金に対しては非課税**になります。利益はどれだけ多くても、上限はありません。

期間は5年間なので最大120万円×5年で**最大600万円の投資額に対する利益が非課税**になります。

米国株もこのNISAの対象となり、およそ20%の税金が非課税になるので、使わない手はありません。投資額に制限があり、譲渡益には制限がないので、できるだけ長期投資で大きな利益が発生したときに使いたいものです。

ただしNISA口座は**一人あたりひとつの証券会社でしか開設できません。**大きな利益を生み出す銘柄の取引を行なう証券会社でNISAを使いたいところです。＊13

＊13 少額の利益を積み立てるデイトレで使っている証券会社ではうま味が少なくなります。

NISAって何？

NISA（読み方：ニーサ）
＝「少《しょう》額《がく》投《とう》資《し》非《ひ》課《か》税《ぜい》制《せい》度《ど》」

上限あり　米国株も対象　利益に税金がかからない

豆知識　**Nippon Individual Savings Account**
ISAは「個人貯蓄口座」の意味

非課税投資枠

一般NISA	つみたてNISA	ジュニアNISA
1年間に **120万円まで**	1年間に **40万円まで**	1年間に **80万円まで**
最長5年間で **最大600万円**	最長20年間で **最大800万円**	最長5年間で **最大400万円**

20歳以上の成人が対象（一般NISA・つみたてNISA）

0～19歳の未成年が対象（ジュニアNISA）

NISA口座は1年ごとに別の金融機関に移すことも可能だよ。

PART 3

いよいよ投資銘柄を選んでみよう

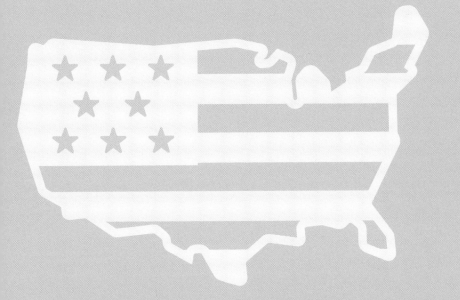

銘柄選びの基本

どんな会社を選んだらいい？

米国株式市場には、ニューヨーク証券取引所とナスダック市場を合わせておよそ5000以上もの銘柄があります。そのなかからどうやって投資先を選択するかも大きな問題となってきます。

そこでまずは、**「なぜ米国株を投資先に選んだか」**という視点を思い出しましょう。

繰り返しますが、米国株は**年4回の配当**という大きなリターンと、**岩盤のように底固いアメリカ経済**に魅力があります。つまり、安定した業績と、高配当銘柄の企業がたくさんあるということです。

投資先の企業によって使い分ける投資法に「バリュー株投資」と「グロース株投資」という2つのやり方があります。

「グロース株」とは、その言葉（グロース＝成長）が意味する通り、企業の売上や利益の伸び率が高い企業の株式です。**「成長株」**ともいわれ、IT企業やバイオ関連企業など新興産業に多く、株価も急上昇を遂げるケースが少なくありません。

グロース株投資は、その急成長と株価上昇に期待して投資します。

これに対し**「バリュー株」**は売上や利益の急激な伸びは期待できないため、どちらかと

＊1　日本でも米国でも、バリュー株の指数は多くの期間で市場平均を上回り、グロース株の指数は市場平均を下回るという過去のデータもあります。

バリュー株

- ✓ 割安株
- ✓ 売上や利益の伸び率が低い
- ✓ 安定した業績で高配当
- ✓ 相対的に値動きが小さい

グロース株

- ✓ 成長株
- ✓ 売上や利益の伸び率が高い
- ✓ 業績の変動が大きく低配当
- ✓ 相対的に値動きが大きい

いえば株価が低く抑えられている銘柄群です。現在の業績から考えて株価水準が低いことから「割安株」ともいわれます。

実態以上に低く見積もられている株価は、いずれ見直されるのではないかという「期待」のもとに、バリュー株投資は行なわれます。

短期的にはグロース株投資のほうが大きなリターンを得られそうな気がしますが、必ずしもそうとは限りません。[*1]

グロース株は、成長している間は株価も堅調に推移しますが、ライバル企業が参入するなど成長がいったん止まると株価は急落したりします。

その点、バリュー株は安定的な株価を維持するので米国株初心者にはおすすめです。

決算書の基本①

売上よりも「利益」に着目しよう

投資先としてふさわしいかどうか、株価水準が割安か割高かを確認するには、どこに着目すればいいのでしょうか。

ひとえに「業績」といっても、「売上」のほか「利益」もあります。

たとえば、売上が１０００億円のA社と、50億円のB社を例に見てみましょう。皆さんはどちらを投資先に選ぶでしょうか。

この2社、A社のほうが見かけ上は投資先に向いていると思われがちです。しかし、その内容をもっと吟味しなければなりません。

たとえばA社の従業員が５００人、B社の従業員が10人だったとしたら話は違ってきます。売上のなかには、仕入や人件費といった費用（コスト）が含まれるからです。

利益は、売上から費用を差し引いて算出されます。

売上が大きいA社もコストを算出したら営業利益は１億円しかならなかったが、B社は営業利益５億円ということもありえるわけです。投資家としては当然ながらB社の株を持ちたいと思うでしょう。

注目したいのが**営業利益率**です。売上のうち、営業利益がどの程度の割合かを見る数値です。この例だと、B社の営業利益率はA社の１００倍におよぶことがわかり、B社の魅力が際立つのではないでしょうか。

どちらの会社が投資先にふさわしい？

	A社	B社

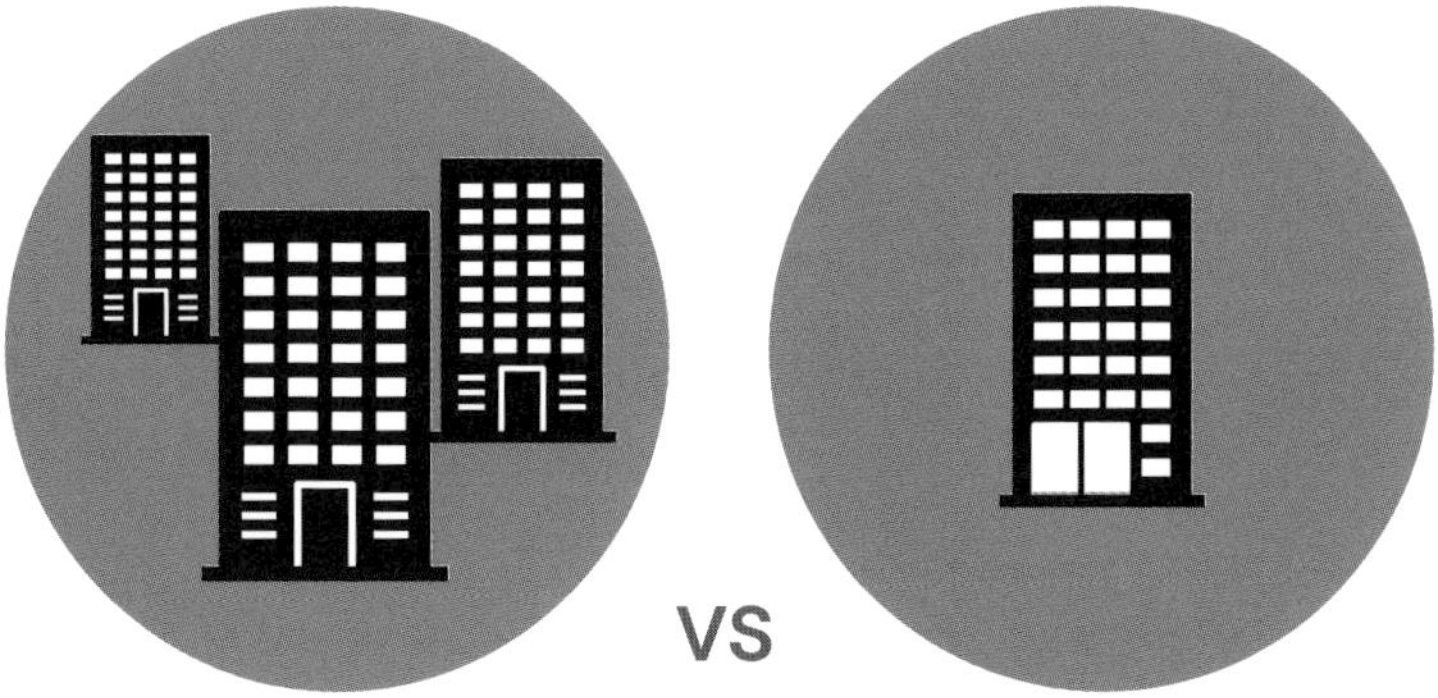

	A社	B社
売上高	1000億円	50億円
従業員	500人	10人
営業利益	1億円	5億円
営業利益率	0.1%	10%

B社の利益率は
A社の100倍！

決算書の基本②

利益でもっとも大事な「営業利益」

利益には、5つの種類があります。

- **売上総利益**
- **営業利益**
- **経常利益**
- **税引前当期純利益**
- **純利益**

5つある利益のなかで、**株価にもっとも大きな影響を与えるのが「営業利益」**です。「本業での業績がどうなのか」に投資家の関心が向いているからです。

売上総利益は、売上から商品の原価を差し引いた利益のことで、粗利(益)ともいいます。

営業利益は、企業が本業で稼いだ利益。売上総利益から「販売費および一般管理費」を差し引いた利益を差します。

経常利益は営業利益に営業外収益を加え、営業外費用を差し引いたあとの利益です。企業には本業以外の収入や支出があります。

経常利益から特別利益を加え、特別損失を差し引いたものが**税引前当期純利益**、そこから税金を引いた残りが**純利益**です。この純利益が株主の取り分となるため、営業利益とあわせて注目されます。

ところでアメリカの決算書では、「経常利益」という項目はないので注意しましょう。

5つの「利益」

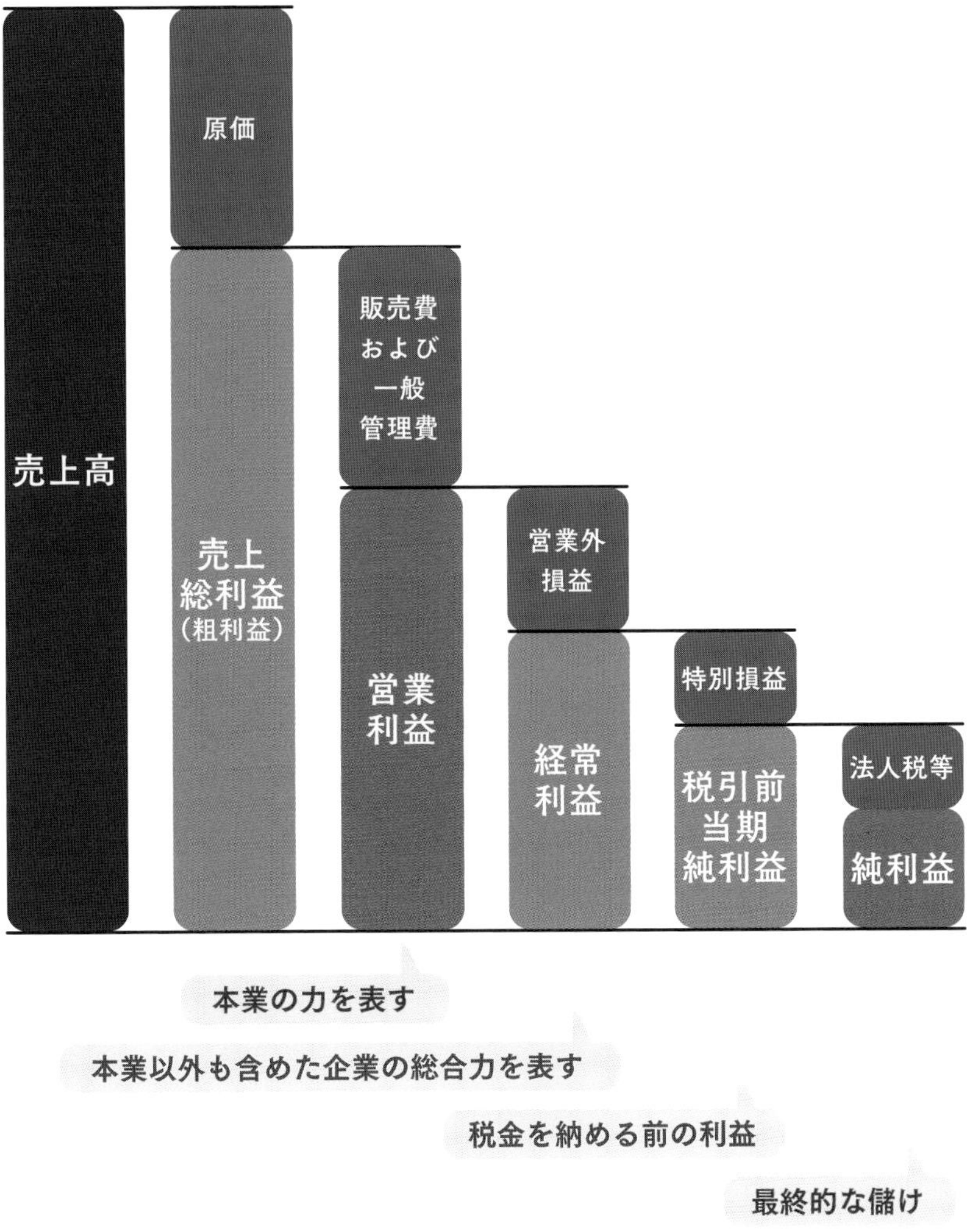
売上高
原価
売上
総利益
（粗利益）
販売費
および
一般
管理費
営業
利益
営業外
損益
経常
利益
特別損益
税引前
当期
純利益
法人税等
純利益
本業の力を表す
本業以外も含めた企業の総合力を表す
税金を納める前の利益
最終的な儲け

割安・割高指標①

PERって何？

企業の業績の良し悪しがわかったとしても、現在の株価がそれに対して割安なのか、割高なのかわからないとなかなか投資には踏み切れないものです。

そこで大事になるのが、企業の業績に照らし合わせて株価が割安か割高かを示す**株価収益率（PER）**という指標です。

簡単にいえば「**株価が1株当たりの利益の何倍まで買われているか**」をあらわしたものです。

このPERの数値が小さいほど、会社が生み出す利益に対して株価が割安であることを示し、反対にPERが高ければ、利益に対して株価が割高な水準にあることを示しています。

PERを求める計算方法は「**株価を1株利益で割る**」となります。＊2

たとえば株価2000円のA社の1株利益が100円とすれば、A社のPERは20倍となります。

もしA社の株価が1000円になればPERは10倍（相対的に割安）、3000円になればPER30倍（相対的に割高）です。

これから投資しようとしたら、PERが小さい銘柄が有利ということになります。

＊2　「1株利益」とは、1株に対して、当期純利益がどのくらいあるのかをあらわしています。EPS（Earnings Per Share）ともよばれます。

PERを理解する

PER

読み方：ピーイーアール
Price **E**arnings **R**atio

＝「株《かぶ》価《か》収益《しゅうえき》率《りつ》」

＝ 株価 ／ 1株利益

株価 ← 1株の値段

1株利益 ← 1株あたりの純利益（EPS）

「今の利益の何倍まで買われているか」
「今の利益の何年分の株価になっているか」
を示していることになるんだ。

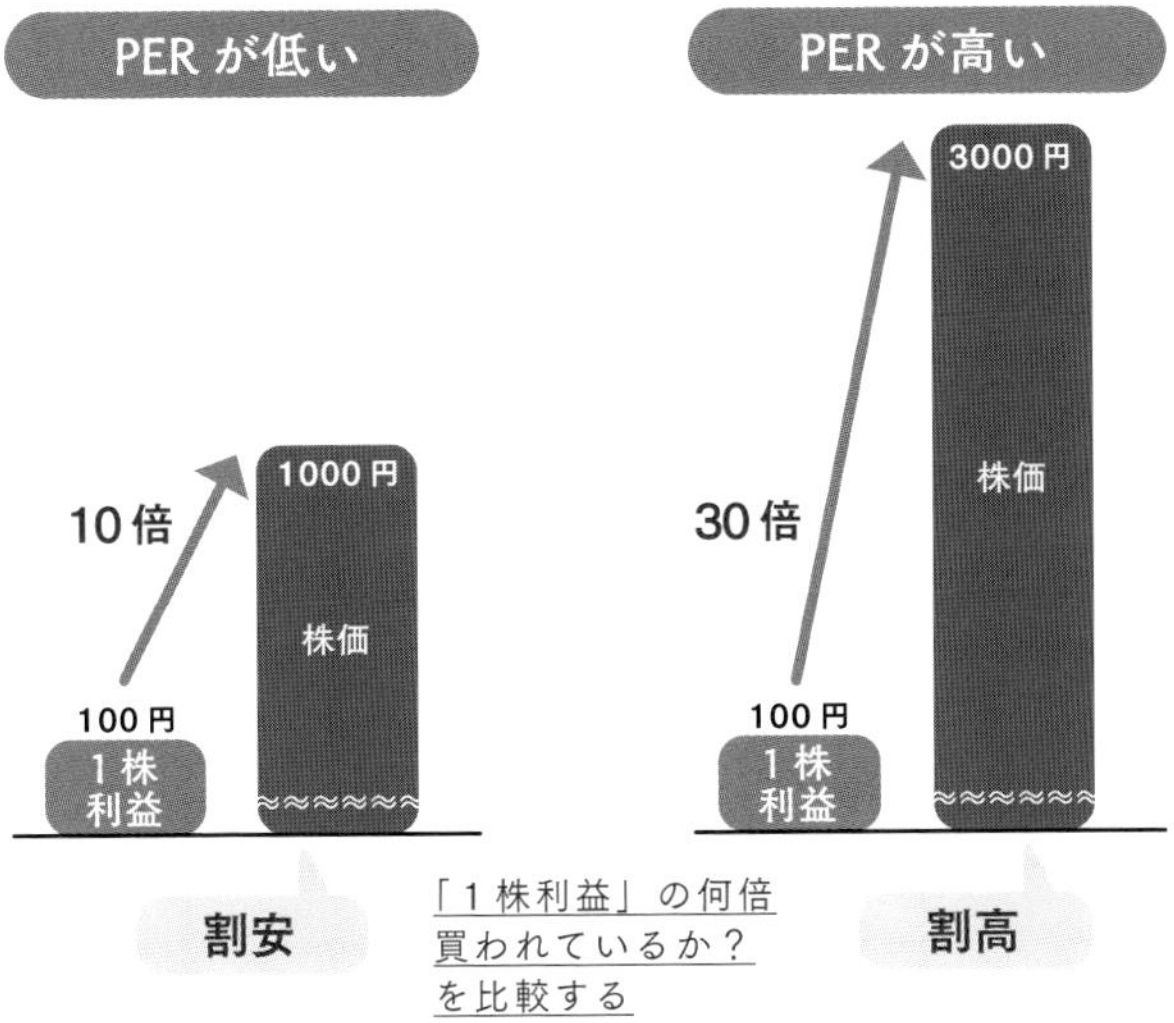

割安・割高指標②

PERの注意点

これから投資しようとしたらPERが小さい銘柄が有利になるとお伝えしましたが、注意点が2つあります。

1つめは**業種によってPERの水準が異なる**ということです。たとえばグロース株の代表であるIT関連企業は、今後の成長に期待し買われている傾向があるため、PERの数値は大きくなりがちです。このため単に数値を見るだけで判断するのではなく、同業他社と比較することが大切なのです。

もう1つは、PERには**実績PER**と**予想PER**の2種類があるということです。実績PERは、すでに発表された過去の実績（1株利益）をもとに算出されます。これに対し予想PERは決算短信などで発表される次期の利益予想値をもとにした数値です。

次期の数値はあくまで確定ではないのでなんともいえませんが、株価は将来を見て動くので実績PERと予想PERでは、**予想PERのほうに注目したい**ところです。

またPER（実績）の数値だけを見て、「おや、割安で買いチャンスの銘柄だ」と慌てて飛びつくと失敗することもあります。

たとえば株価300円、今期の1株利益が60円だったとします。PERは5倍ですから、どの業界においても割安水準です。しかし、よくよくチェックしてみると、来期の業

PERの注意点とまとめ

- **PERは15倍がおおよその基準になる**
- **PERは業種によって水準が異なる**
  （IT企業等の「グロース株」は高くなりがち）
- **PERには「実績PFR」と「予想PER」がある**
- **「予想PER」に注目したい**
- **PERが低い場合は、将来の業績悪化を見込んでいる可能性もあるため注意が必要**
- **PERが高い場合は、将来性を評価した買いが集まっている可能性もある**

績予想がかなり悪く、来期1株利益が10円予想だったどうでしょう。株価が300円と割安なのは、来期の業績悪化を見込んで株価が急落したからかもしれません。**もし1株利益が10円のままなら、PERは30倍となり、けっして「割安」とはいえないのです。**

チェックするポイントは、複数の視点（モノサシ）を持つことです。

米国株の平均PER（実績）は、2020年11月現在**24・4倍**となっています。ちなみに日本株の平均PER（実績）は18倍です。

これだけ見ると日本株のほうが割安に見えます。確かに割安ですが、これは現在の業績をもとに割り出した数値。割高に見える米国株ですが、逆の見方をすれば、投資家は「米国株の将来を見据えて買っている」と見ることができるのです。

PBRって何?

PERは利益から株価水準を判断しますが、これに対し会社が所有する「財産」から株価水準を判断するモノサシがあります。これを**株価純資産倍率（PBR）**といいます。

株価を**「1株当たりの純資産（BPS）」で割って求めます**。これは会社が仮にいま解散したとして、そのときの「株主の取り分」を示したものです。[*3]

もしPBRが1倍なら、株価と同じ資産を受け取る権利があるということを意味します。PBRが1倍を割ったら、**解散価値より株価が下回っていることを示し、株価が底値圏にある**ことになります。

注意しなければならないのは、会社の資産のうち「含み損」や「隠れ借金」はそこに反映されないということです。あまりにPBRが低いときは、「**倒産シグナル**」の側面もあるという事実を肝に銘じておきましょう。

PERとPBR、この2つをどう見ればいいのでしょうか。PERを重視したいのは、景気が上向きで経済成長時。PBRは、景気後退局面で、経済が停滞しているときに注目されがちです。「万が一」の倒産を考慮して、重要視されるわけです。

米国株の平均PBR（実績）は、2020年11月現在**4・3倍**となっています。ちなみに日本株の平均PBRは1・4倍です。

＊3　「1株純資産」とは、1株につき会社の純資産がどのくらいあるのかをあらわしたもの。会社を解散・清算した場合は株主のもとに残る資産になることから「解散価値」ともいわれます。英語ではBPS（Book Value Per Share）。

PBRを理解する

PBR

読み方：ピービーアール
Price **B**ook value **R**atio

＝「株《かぶ》価《か》純《じゅん》資《し》産《さん》倍《ばい》率《りつ》」

＝ 株価 ／ 1株純資産

株価 ← 1株の値段
1株純資産 ← 1株あたりの純資産（BPS）

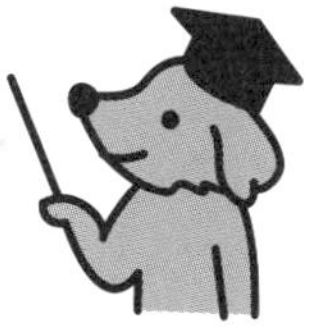

「会社の純資産の何倍まで買われているか」を示していて、株価が大きく下がった際に「底値」を見極めるのに有効なんだ。「1倍」を判断基準にしよう。

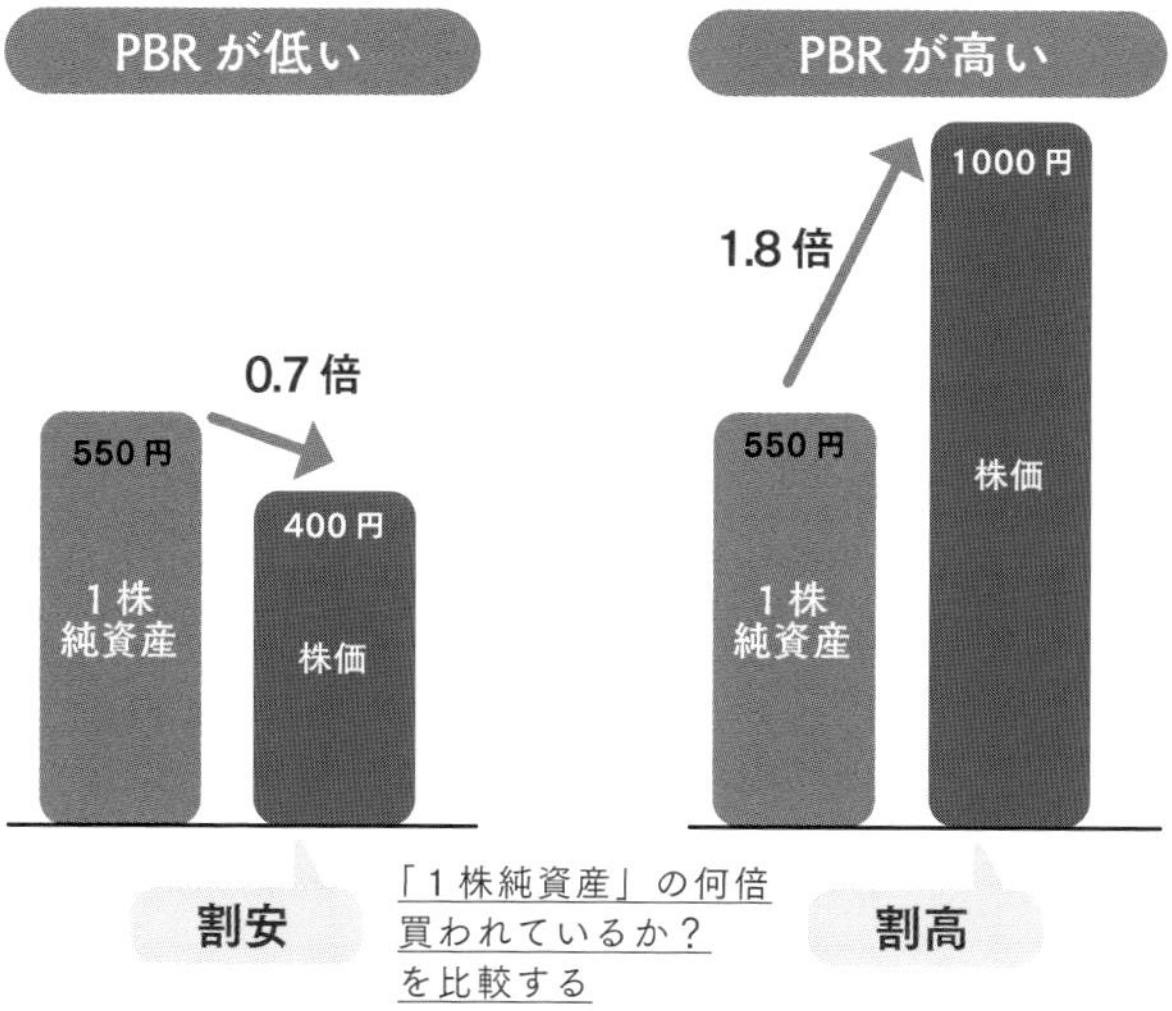

投資情報の入手法

情報はどこで得たらいい？

前節までで紹介したPERやPBRといったデータは、どこでチェックしたらいいのでしょうか。

個別の企業のホームページでチェックすることも可能ですが、金融関連のウェブサイトでも、米国企業の情報を得ることはできます。アメリカのサイトではなくても、日本の証券会社はもちろん、金融、投資関連のウェブサイトでも情報は満載です。

たとえば金融情報総合サイトの「Yahoo!**ファイナンス**」。ここでは米国株情報を日本語で無料提供しています。

トップページから一番上のバーのなかから「株式」を選択してクリックします。次に表示されたバーのなかから「米国株」を選択します。米国株のマーケット情報のほか、「株価検索」に個別銘柄名を入力すると、各上場企業の情報が表示されます。

証券会社などほかの様々なサイトでも米国株情報は閲覧できます。外国株口座を開設した証券会社には必ず米国企業情報がアップされています。

また、たとえば「米国株　業績」といったキーワードでネット検索をおこなえば、いくつもの金融関連のサイトが表示されます。欲しい情報は、そこでゲットできます。

代表的な情報サイト

代表的なウェブサイトを３つ紹介します。

すべて英語で表示されますが、基本的な英単語さえ押さえておけば、読み取ることは可能です。

最近のウェブブラウザでは翻訳機能もあり、意味がわかる程度の翻訳を自動でおこなってくれるので便利です。

✓ **ヤフー・ファイナンス**
https://financeayahoo.com/

✓ **ウォールストリート・ジャーナル**
https://www.wsj.com/

✓ **ブルームバーグ**
https://www.bloomberg.com/

Pick Up! **finviz.com**
/https://finviz.com/map.ashx?t=sec

時価総額の大きさごとにひと目でわかる株価マップ。
１日の動きはもちろん、年間の動きや米国以外も見渡すことができて便利です。

ＩＰＯ投資

新規公開株の狙い方

まだ証券取引所に上場していない株式会社が、新しく上場して株を投資家に売り出すことをＩＰＯ[*4]といいます。このＩＰＯ株は上場して付いた最初の価格（初値）が、その前に投資家に売り出された価格を大きく上回ることが少なくないことから、日本株でも人気を集めています。

米国のＩＰＯ株も日本の証券会社で購入することができます。

売出し価格より初値が下回ることもなくはないですが、だいたいにおいて売出し価格を上回り、短期間のあいだに数倍もの価格をつけるケースも珍しくありません。

ちなみに2019年のアメリカのＩＰＯ株は、**平均で売出し価格をおよそ28％上回って初値がついています。**つまり売出し価格で買うことができれば、労せずして利益を得る確率が高いわけです。

ただ人気があるため、ＩＰＯの売出しには申込みが殺到します。証券会社ごとに株数が割り当てられていて、事前に申し込んで当選したときのみ売出し価格で購入できる仕組みです[*5]。

人気のある株、つまり値上がりしそうな銘柄はそれだけ当選の確率は下がりますが、買えさえすれば濡れ手に粟の利益が転がり込む可能性があるわけですから無視するわけにはいかないでしょう。

＊4　IPOは、Initial Public Offeringの略。
＊5　どのＩＰＯ銘柄を取り扱うかは、証券会社ごとに違ってきます。なお抽選に参加するためには、購入資金が一時的に拘束されるのが普通です。買付手数料はかかりません。

米国株でIPO銘柄を買うには

IPO銘柄の特徴

✓ **売出し価格を上回ることが多い**

2019年のIPO銘柄の初値は、
売出し価格を平均28%上回る実績

✓ **株数は証券会社ごとに割り当て**

取扱銘柄は証券会社ごとに違います
申込みが殺到するため当選することは少ない

✓ **上場後に投資を考えることも**

人気のある銘柄は取引開始後に買っても利益が期待できる

IPO投資の留意点

✓ **必ずしもハイリスク・ハイリターンではない**

IPOの上場銘柄はベンチャー企業ばかりのイメージがあるかもしれませんが、
そうではありません。いわゆる「グロース株」のIPOも珍しくありません。

✓ **上場初日で売れないこともある**

買いが殺到したり、売りが殺到したりするとなかなか「初値」がつかず、
売却のタイミングが意図した日にできないことがあります。

✓ **長期保有目的で考えるのもよい**

一般的に、IPO投資は「短期で儲ける」ことを意識する向きが多いですが、
将来の成長性が期待できる企業も少なくありません。とりわけ米国株はユニークな
オンリーワン企業が上場されることもあり、長い目で見た投資もよいでしょう。

CFD取引

信用取引はできない

米国株取引では、信用取引ができません。

信用取引とは、カンタンにいえば「借金」をして株を買うようなものです。保証金（証拠金）を証券会社に預け、その3倍の取引ができるというものです。

たとえば50万円の保証金を預けて１５０万円の株を購入できるのです（信用買い）。のち決済したときにその差額を精算するわけです。

信用取引の特徴は、「買い」から入るだけなく、「売り」からも入れるところにあります。

もし今１００万円の株があったとして、その銘柄が今後値下りすると予測したとしましょう。まずその株を借りてきて市場で売却します。思惑通り値下りして80万円まで下がったとき、その株を市場から買い戻して株を返却すれば、20万円の利益が出るわけです。

元金が少なくてもそれ以上の取引ができますが、思惑と違った株価の動きをしたときは、損失も大きくなります。

この信用取引の代わりになるのが**CFD取引**です。

本書は米国株取引において長期保有を推奨しており、それを前提に説明していますが、「売り」から入る投資法も知っておいたほうがいいという考えから次に紹介します。

CFDとは**「差金決済取引」**を意味します。差金決済とは、株の現物を受け渡しすることなく、売買金額の差額だけを決済する取引です。

個別株だけではなく、NYダウやS&P500などの株価指数でも取引することができます。

CFDは証拠金（保証金）を証券会社に預けることによって、その額以上の取引ができます。これを「レバレッジ効果」といい、信用取引が3倍なのに対し、**CFDは個別株で5倍、株価指数CFDなら10倍までレバレッジをかけられます。**

レバレッジは「てこ」を意味し、少額で大きな取引を行なうことができます。少額で大きな利益をゲットできる可能性がある反面、大きな損失を被るリスクもあります。

またCFDのデメリットに保有コストがかかる点にあります。

取引手数料がかかる上、「買い」ポジションでオーバーナイトすると金利分がコストとして発生します。[*6] そのためCFDは長期投資ではなく、短期投資向きといえます。

またCFDは**特定口座やNISA口座に対応していない**点も知っておきましょう。

ちなみに米国株CFDを取り扱っている証券会社はさらに限られていて、GMOクリック証券、IG証券、サクソバンク証券などわずかです。

＊6　オーバーナイト金利は、日をまたいで買いまたは売りのポジションを持ち越したときに発生します。買いポジションを持ち越すとオーバーナイト金利を支払い、売りポジションを持ち越すとオーバーナイト金利を受け取ります。

CFD（米国）米国株の違い

	米国版CFD	米国個別株
取引手数料	無料	通常は有料（少額だと無料のケースもある）
レバレッジ	5倍	1倍
必要資金	約定代金の5分の1	約定代金＋手数料
新規の売り注文	できる	できない（信用取引はできない）

（GMO クリック証券の場合）

CFDは下落局面でも利益が出せる

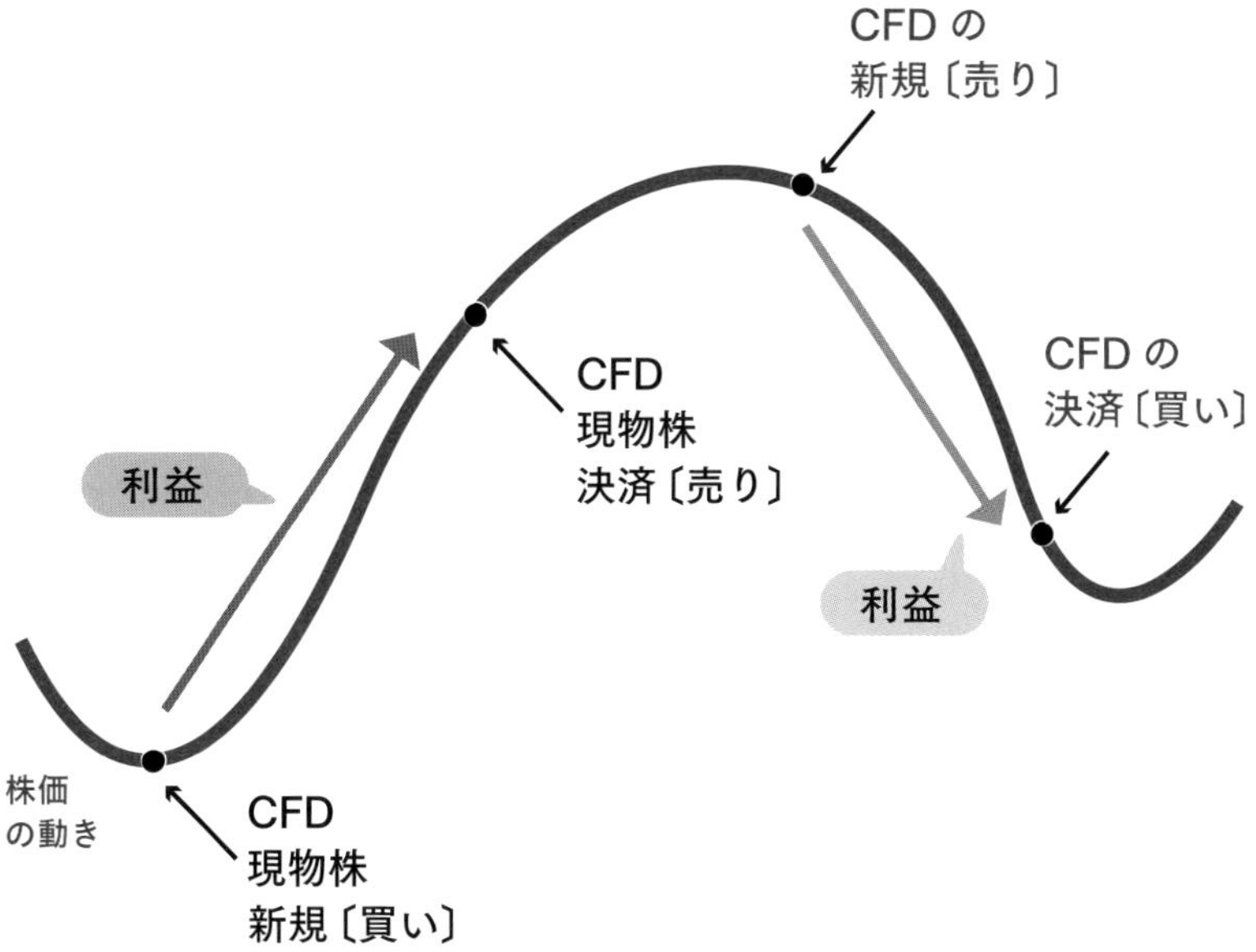

CFDは「売り」から入ることができるので、下落局面で利益を狙うこともできるんだ。

魅力的な企業がたくさんある

ティッカー・市場		企業名
[PYPL]	NASDAQ	ペイパル・ホールディングス
[PG]	NYSE	プロクター＆ギャンブル
[BAC]	NYSE	バンク・オブ・アメリカ
[HD]	NYSE	ホーム・デポ
[INTC]	NASDAQ	インテル
[NFLX]	NASDAQ	ネットフリックス
[XOM]	NYSE	エクソン・モービル
[ADBE]	NASDAQ	アドビ
[KO]	NYSE	コカ・コーラ
[T]	NYSE	AT&T
[CRM]	NYSE	セールスフォース・ドットコム
[CVX]	NYSE	シェブロン
[ORCL]	NYSE	オラクル
[PFE]	NYSE	ファイザー

時価総額が大きい米国の代表銘柄51

ティッカー・市場		企業名
[AAPL]	NASDAQ	アップル
[MSFT]	NASDAQ	マイクロソフト
[AMZN]	NASDAQ	アマゾン・ドット・コム
[GOOG]	NASDAQ	アルファベット
[TSLA]	NASDAQ	テスラ
[FB]	NASDAQ	フェイスブック
[JPM]	NYSE	JP モルガン・チェース・アンド・カンパニー
[JNJ]	NYSE	ジョンソン&ジョンソン
[WMT]	NYSE	ウォルマート・ストアズ
[V]	NYSE	ビザ
[MA]	NYSE	マスターカード
[DIS]	NYSE	ウォルト・ディズニー
[NVDA]	NASDAQ	エヌビディア
[BRK-B]	NYSE	バークシャー・ハサウェイ

ティッカー	市場	企業名
[BA]	NYSE	ボーイング
[CAT]	NYSE	キャタピラー
[GS]	NYSE	ゴールドマン・サックス
[GE]	NYSE	ゼネラル・エレクトリック
[AXP]	NYSE	アメリカン・エキスプレス
[IBM]	NYSE	IBM
[BLK]	NYSE	ブラックロック
[AMD]	NASDAQ	アドバンスド・マイクロ・デバイシズ
[MMM]	NYSE	スリーエム

皆さんがよく知る会社もきっとたくさん含まれているはずです。気になる銘柄はぜひチェックをしてみましょう！

時価総額が大きい米国の代表銘柄51

ティッカー・市場		企業名
[PEP]	NASDAQ	ペプシコ
[NKE]	NYSE	ナイキ
[ACN]	NASDAQ	アクセンチュア
[CSCO]	NASDAQ	シスコ・システムズ
[TXN]	NASDAQ	テキサス・インスツルメンツ
[QCOM]	NASDAQ	クアルコム
[MCD]	NYSE	マクドナルド
[WFC]	NYSE	ウェルズ・ファーゴ
[COST]	NASDAQ	コストコ・ホールセール
[MS]	NYSE	モルガン・スタンレー
[UNP]	NYSE	ユニオン・パシフィック
[C]	NYSE	シティグループ
[PM]	NYSE	フィリップ・モリス・インターナショナル
[SBUX]	NASDAQ	スターバックス

PART 4

投資信託で分散投資をしてみよう

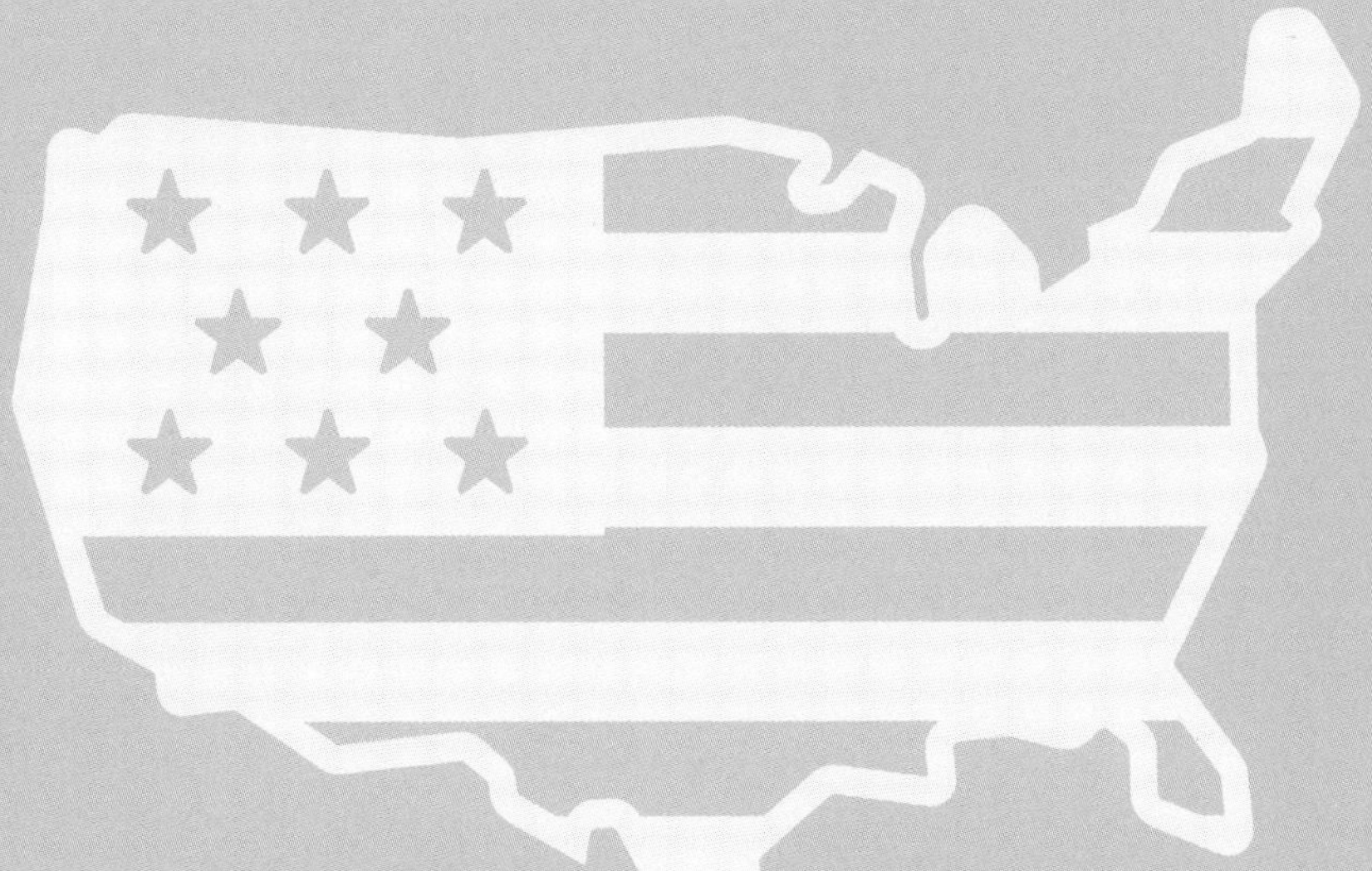

投資信託の基本①

銘柄選びに迷ったら投資信託

米国株に初めて挑戦する方にとって、銘柄選びは難しいと感じるかもしれません。

そこでおすすめなのが「投資信託」を買うというやり方です。

投資信託（ファンド）とは、多くの投資家から資金を集め、運用の専門家であるファンドマネージャーが株式のみならず債券やコモディティ（商品）、不動産で運用する金融商品です。その運用によって得られた利益を、出資した投資家に還元していく仕組みです。

投資信託は国内外に数多く種類があり、日本国内で運用する商品や海外の金融商品で運用する商品もあります。つまり米国株に特化した投資信託もあるということです。

投資信託は基本的に中・長期の運用になります。しかも**多くの銘柄に中長期で投資するので、リスクが平均化されます。**

少額から投資できるメリットもあり、多くの商品が、だいたい**1万円からスタート**できます。*1

個別株は証券会社を通じて買うしかありませんが、投資信託なら銀行でも取り扱っています。証券会社で買う場合も、**外国株取引口座が不要**なので気軽に始められます。

＊1　なかには数千円から購入できるものもあります。

投資信託って何？

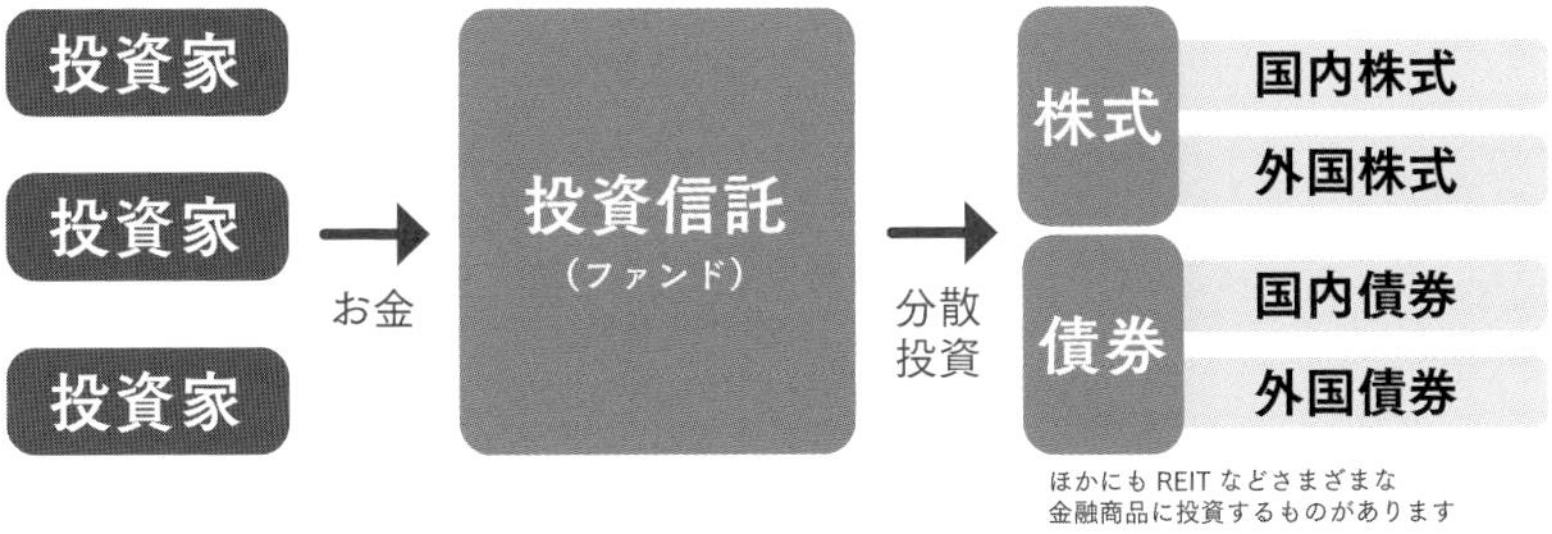

投資信託の特徴

✓ 少額から始められる

個別株を買う場合はある程度まとまった資金が必要
一方投資信託は、少額から金額を決めて投資できる

✓ 分散投資ができる

多くの投資家からお金を集めることで、
さまざまな投資先に分散投資することができる

✓ 購入手数料が安い

0円の投資信託（ノーロード）も多くなっている

✓ 運用や管理をプロにお任せできる

個別の株式や債券を選ぶ手間がなく、
面倒な取引や管理をお任せすることができる

投資信託の種類と買い方

現在、日本国内で売られている投資信託はおよそ6000本はあるといわれています。米国株だけに絞った商品、米国株を含めて多岐に渡って運用している商品も数多くあります。

証券会社ごとに扱っている商品は異なります。すでに口座を開いている証券会社、これから口座を開設しようとしている証券会社のHPから確認してみましょう。

投資信託の買い方としては、大きく2通りのやり方があります。

ひとつは**まとまった金額で一度に買い付けるやり方**です。

もうひとつは、**毎月一定額を積立てて投資していくやり方（投信累積投資：るいとう）**です。こちらの投資法なら少額から始められます。

毎月一定額で積立てることで、購入できる口数が変わります。基準価額が低いときには口数が多くなり、基準価額が高いときは購入できる口数が少なくなります。買うタイミングを考えなくても、効率的に時間分散ができるので、コツコツと中長期投資をするには向いています。[*2]

＊2　このように一定額を積立てていき、平均単価を下げる手法を「ドル・コスト平均法」といいます。横ばいトレンドのときに有効とされています。

投資信託の例

みんなはどのファンドではじめてる？！2021年1月デビューファンドランキング

最近投資をはじめた方が、はじめて購入したファンドを参考にしてみましょう！
2021年1月に、SBI証券ではじめて投信を購入した人が多かったファンドをご紹介します！

1位
SBI-SBI・バンガード・S&P500インデックス・ファンド（愛称：SBI・バンガード・S&P500）
カテゴリ：国際株式　ノーロード　レーティング：—
金額を指定して購入 金額買付　毎月コツコツ！ 積立買付　ポートフォリオに追加する　投信アラートメール設定
世界最大級の運用会社「バンガード」と「SBIグループ」のタッグで実現した米国株に投資するファンドです。年率0.1%を下回る信託報酬で、バンガードが提供するETFのなかでも高い人気を誇る「バンガード®・S&P500 ETF（VOO）」への実質的な投資が可能です。

2位
三菱ＵＦＪ国際－eMAXIS Neo 自動運転
カテゴリ：国際株式　ノーロード　レーティング：—
金額を指定して購入 金額買付　毎月コツコツ！ 積立買付　ポートフォリオに追加する　投信アラートメール設定
日本を含む世界各国の自動運転関連企業の株式等に投資します。
eMAXIS Neoは世界でイノベーションを巻き起こして成長を遂げていくことが期待されるテーマの数々に、低コストで投資できるシリーズです。

3位
三菱ＵＦＪ国際－eMAXIS Slim 全世界株式（オール・カントリー）
カテゴリ：国際株式　ノーロード　レーティング：—
金額を指定して購入 金額買付　毎月コツコツ！ 積立買付　ポートフォリオに追加する　投信アラートメール設定
日本を含む先進国ならびに新興国の株式に投資し、MSCIオール・カントリー・ワールド・インデックス(配当込み、円換算ベース)に連動する値動きを目指します。「eMAXIS Slim」は、機動的に信託報酬を引き下げることで、業界最低水準のコストを目指し続けるコンセプトのインデックスファンドシリーズです。
※他社類似ファンドが信託報酬率の引き下げを行った場合、業界最低水準ではない期間が発生する旨、ご留意ください。他社類似ファンドが信託報酬率の引き下げを行った場合、当ファンドの信託報酬率も引き下げ、業界最低水準にすることを目指しますが、これを実現することを保証するものではありません。

4位
三菱ＵＦＪ国際－eMAXIS Slim米国株式（S&P500）
カテゴリ：国際株式　ノーロード　レーティング：—
金額を指定して購入 金額買付　毎月コツコツ！ 積立買付　ポートフォリオに追加する　投信アラートメール設定
米国の主要企業から構成されるS&P500（配当込み、円換算ベース）に連動する投資成果を目指すファンドです。先進国のなかでも比較的高い成長率を維持する米国への注目度は高く、長期的な成長に期待して長期投資に活用されている方も多くいらっしゃるようです。コストの低さも当ファンドの魅力であり、「eMAXIS Slim」は、機動的に信託報酬を引き下げることで、業界最低水準のコストを目指し続けるコンセプトのインデックスファンドシリーズです。
※他社類似ファンドが信託報酬率の引き下げを行った場合、業界最低水準ではない期間が発生する旨、ご留意ください。他社類似ファンドが信託報酬率の引き下げを行った場合、当ファンドの信託報酬率も引き下げ、業界最低水準にすることを目指しますが、これを実現することを保証するものではありません。

5位
ニッセイ－<購入・換金手数料なし>ニッセイ外国株式インデックスファンド
カテゴリ：国際株式　ノーロード　レーティング：★★★★
金額を指定して購入 金額買付　毎月コツコツ！ 積立買付　ポートフォリオに追加する　投信アラートメール設定
日本を除く主要先進国の株式に投資することにより、ＭＳＣＩ コクサイ インデックス（配当込み、円換算ベース）に連動する投資成果をめざします。購入時および換金時の手数料は無料です。

（SBI 証券）

デメリットも知っておこう

注意しなければならないのは、確かに運用のプロに任せるからといっても、市況によっては**元本割れもありえる**ということです。

投資信託の運用成績は、各証券会社等のホームページで見ることができます。また成績上位のランキングなども出ているので、参考にしてみてください。[*3]

さらに投資信託は、株式投資よりコストがかかるということも覚悟しておきましょう。

それは投資信託が多くの会社を通して運営されたものだからです。

株式投資であれば、投資家と株式市場の間には仲介業者として証券会社があるだけです。

しかし投資信託の場合は、まず証券会社などの**販売会社**があり、**運用会社**（投資信託委託会社）が投資先を決めます。運用会社はその運用を**受託会社**（信託銀行など）に運用の指示を出して、株式市場、債券市場で運用します（その際の売買手数料かかります）。

それぞれ仲介に入っている会社は手数料を取っているわけです。

さらにファンドマネージャーへの報酬、運用管理費なども含まれるため、株式投資よりコスト高になるのは仕方のないことです。

＊3　過去の成績がよかったとしても、この先も運用成績がいいとは限りませんので注意してください。

投資信託の手数料

購入時

申込手数料
- 商品（ファンド）ごとに手数料は異なる
- 手数料がかからない商品もある（ノーロード投信）

運用時（保有期間中）

信託報酬
- 販売会社、委託会社、信託銀行等に支払われる
- 「運用を任せていることでかかる費用」

換金時（売却時）

信託財産留保額
- ファンドの資産売却コスト

保有中にずっとかかってくる「信託報酬」にはとくに気をつけよう。

おすすめはインデックスファンド

正直にいいますと、もし個別株に投資できるなら、私はそちらのほうをおすすめしたいと思います。

なぜなら前項で紹介した通り、投資信託は株式投資よりコストがかかるからです。それでもここで説明しているのは、「できるだけリスクを抑えて、米国の個別株に投資して欲しい」という願いがあるからです。

その投資信託のなかでも、おすすめの商品群があります。

投資信託は、運用方式でタイプ分けできますが、ひとつに**インデックス型**と**アクティブ型**に分類できます。

インデックス型は、株価平均や指数平均などそれぞれの運用商品の**平均値**に即して運用していきます。

これに対しアクティブ型は、ファンドマネージャーの判断で、収益が上がっていく投資対象に**積極的に集中して投資する**運用方法です。投資対象も入れ替えを機動的（アクティブ）におこないます。

インデックス型は、**市場全体の成長、株式市場の成長にそった運用利回りが期待されます。**

これに対しアクティブ型は**市場平均を上回**

るリターンを期待して運用していきます。ただし、必ずしも期待通りのリターンがあるとは限りません。

私はこのうちインデックス型をおすすめしたいと思います。

過去の運用成績をチェックしてみても、**けっきょくは安定的なリターンを目指したインデックス型のほうが運用成績がよかった**という事実があります。

序章で紹介した相場の神様、ウォーレン・バフェット氏も「投資信託を買うならインデックス型ファンドだ」と言い切っています(バフェット氏の株式投資の手法は124ページ以降に再度紹介します)。

運用方式の違い

	インデックスファンド	アクティブファンド
投資目標	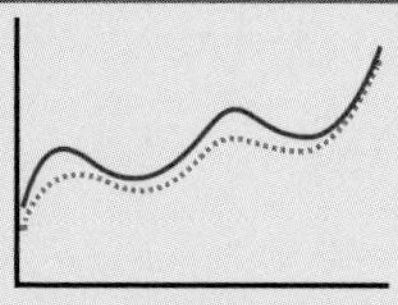 ● 指数に連動する成績	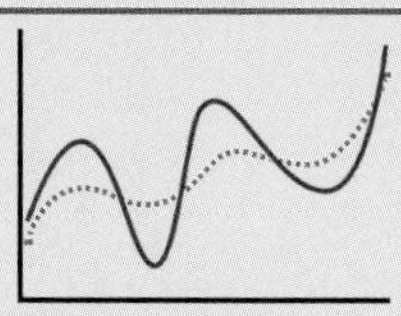 ● 指数を上回る成績
コスト	● 低い	● 高い
特徴	● 商品によって成績の差があまりなく、安定的なリターンになりやすい	● 期待通りのリターンにならないこともあり、商品ごとの成績差が大きい

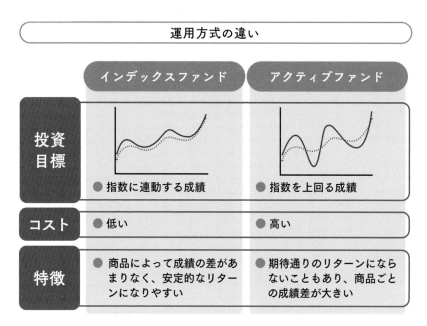

ファンド・オブ・ファンズ

もともとウォーレン・バフェット氏は、投資信託には否定的でした。バフェット氏は**「助っ人にお金を支払う価値はない」**と断言しています。

彼の言う「助っ人」とは証券会社や投資信託の運用会社、アナリストやファンドマネージャーです。こういった助っ人は、顧客である投資家の資産を増やすために存在するのではなく、手数料などで自らのフトコロを潤すために存在すると喝破しています。

そのためバフェット氏は、夫人への遺言で「資産の90％をS＆P500に投資しなさい」と言っています。

S＆P500はアメリカ株を代表する株価指数でした（38ページ参照）。

このS＆P500に連動して動くインデックス型の投資信託に投資しなさい、と言っているわけです。バフェット氏は、アメリカ株式市場は長期的に成長すると見込んでいるのです。

皆さんも、投資信託のうち、とくに「助っ人」が多く絡む商品は避けたいところでしょう。

その意味で、私はまず**「ファンド・オブ・ファンズ」**は避けたいと思います。

ファンド・オブ・ファンズは投資家が購入した投資信託のお金を、**さらに別の投資信託**

に投じる商品です。

もともと投資信託は分散投資が基本ですが、この投資信託は、集めたお金をさらに複数の投資信託に投資することによって、その分散の度合いが強まります。

たしかに安定性を追求した商品といえるかもしれませんが、問題なのが**手数料や信託報酬が二重にかかっている**という点です。

コストは運用益のなかから支払われるため、その分の投資家への運用リターンが小さくなるわけです。

ファンド・オブ・ファンズとは？

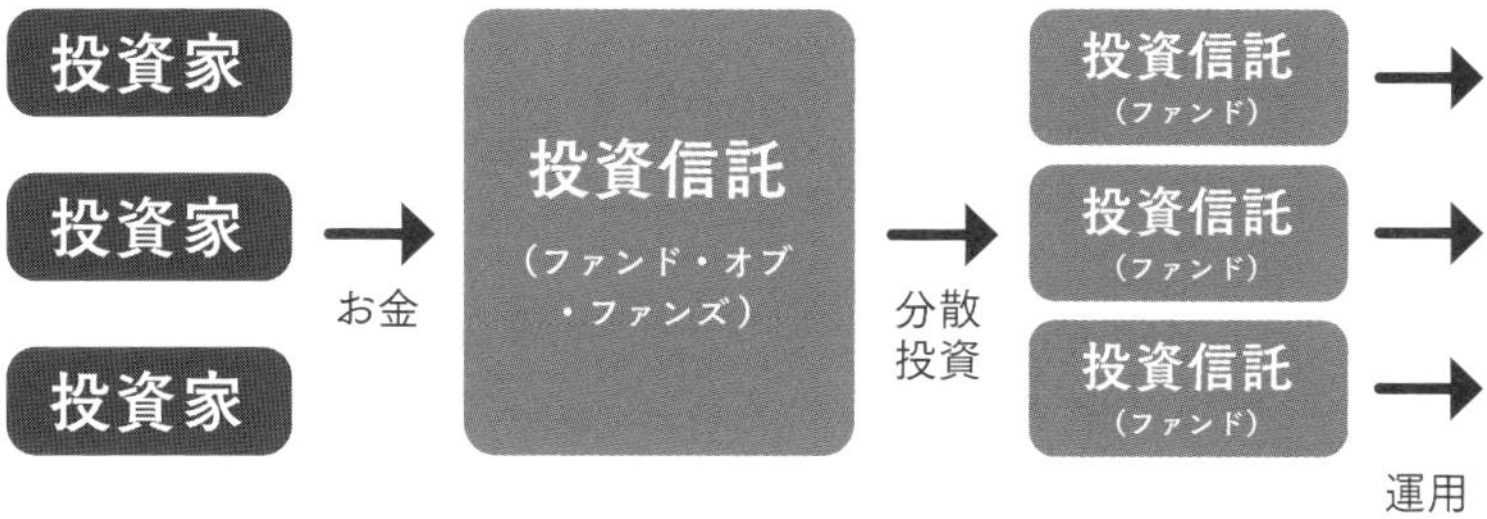

複数の投資信託に投資をする投資信託

- 手数料・信託報酬を二重に支払っていることになる
- 一般的に分散効果は高い

様々な投資信託③

毎月分配型

ファンド・オブ・ファンズと同じようにコストが割高になる投資信託に、**毎月分配型の投資信託**があります。

収益のなかから毎月少しずつ投資家にリターンがある金融商品です。

この商品は、たとえば年金生活を送っている方が、**毎月の生活費の足しにするような目的でつくられた商品**です。たしかにそのために購入するのであればいいかもしれません。

とはいえ、なかには分配されたこの資金をためて、次の金融商品に投資する投資家もいます。これには疑問符がつきます。分配金を受け取るたびに税金分が引かれていて、効率が悪いからです。

また商品によっては、高い利回りの分配金があるものの、基準価額（日々の投資信託の価格）が分配分の合計額を下回っているケースも散見されます。

この場合は元本の取り崩しがおこなわれているわけで、タコが自分の足を食べているような状態です。

そもそも毎月分配金が支払われるということは、その分の事務コストもかかっているということを知っておきましょう。

つまり分配金が支払われる回数が多いほど、コスト高になっているのです。

毎月分配型の投資信託とは？

メリット

●運用をしながら、運用成果を毎月受け取ることができる

→ 年金や生活費、お小遣いの一部に充当できる

デメリット

●分配金を受け取るたびに税金がかかり、投資効率が悪くなる

→ 分配金を利用する予定がない場合や、再投資をするためには非効率

分配金を受け取る際のイメージ

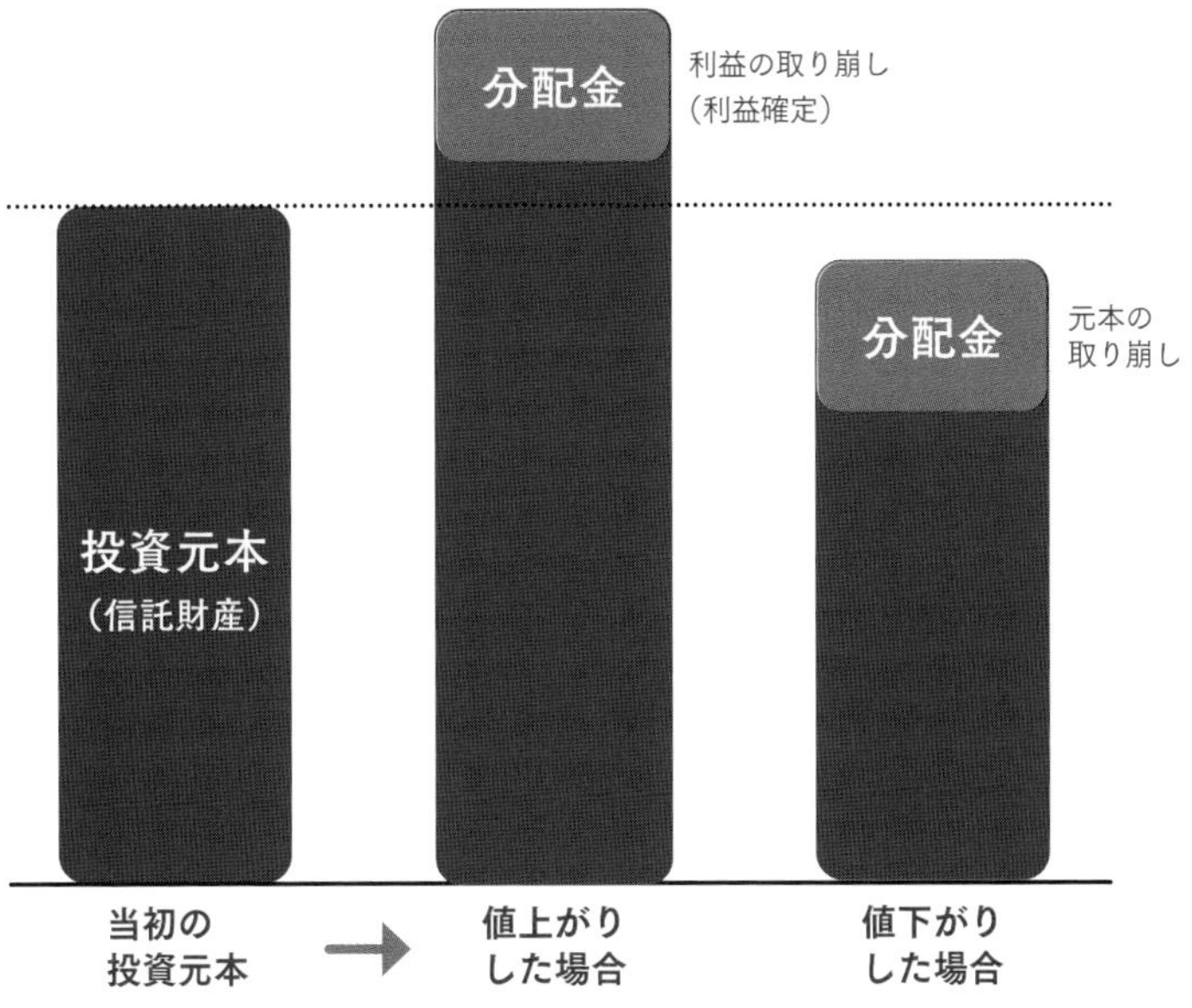

上場投資信託

ETFに投資する

ETF（上場投資信託）も投資信託のひとつですが、株式と同じように証券取引所で取引されており、**「株式」に近い形態**です。

価格はリアルタイムで動き、個別株式同様に取引できます。

主に株価指数に連動して動くようになっている商品が多いのですが、なかにはレバレッジ型、インバース型などいろいろ種類があります。

投資先も豊富です。日経平均やS&P500といった指数へ投資するETFはもちろん、新興市場やコモディティ（商品）指数、業種別やテーマ別、高配当株に絞って投資するものなど多種多様です。

一般の投資信託と比較して、信託報酬といった保有にかかる**手数料が安い**のが特徴です。

また市場が開いているときであれば、いつでも売買できるので換金性も高いといえます。もちろん**成行注文のほか、指値注文も可能**です。

ただし、ほかの投資信託は銀行や郵便局でも購入できますが、ETFは証券会社のみで取り扱われており、証券口座の解説が必要です。

うまく組み合わせれば、オリジナルの「ファンド」が作れるかもしれません。そのくらい使い勝手のよい商品です。

ETFって何？

ETF

読み方：イーティーエフ
Exchange Trade Fund

＝「上《じょう》場《じょう》投《とう》資《し》信《しん》託《たく》」

✓ コストが安い

- 売買の際の手数料は個別株と同じ
- 保有コスト（信託報酬）が安い

✓ ラインナップが豊富

- 国内株や米国株はもちろん、債券やREIT、金や原油など多種多様なラインナップがそろう
- 市場平均の2倍の値動きをする「レベレッジ型」や、値下がりした際に利益が出る「インバース型」もある
- 「電気自動車」「ロボット」「5G関連」といった、テーマを絞った関連株に投資するETFもある

✓ 取引がしやすい

- 上場されているため、個別株と同じようにリアルタイムで取引できる

通常の「投資信託」は上場しておらず取引も1日1回だけど、「ETF（上場投資信託）」は個別株同様に上場しているため、取引がしやすいんだ。

日本市場で取引できる外国指標の ETF の例

銘柄コード	銘柄名	連動指標	信託報酬▲
1547	上場インデックスファンド米国株式（S＆P５００） ETF 先進国	S&P500指数	0.06%
2521	上場インデックスファンド米国株式（S＆P５００）為替ヘッジあり ETF 先進国	S&P500指数（円ヘッジ）	0.06%
1655	ｉシェアーズ　S＆P　５００　米国株　ETF ETF 先進国	S&P500®（TTM、円建て）	0.08%
2558	MAXIS米国株式（S＆P５００）上場投信 ETF 先進国	S&P500指数	0.08%
2559	MAXIS全世界株式（オール・カントリー）上場投信 ETF 先進国	MSCI All Country World Index	0.08%
2563	ｉシェアーズ　S＆P　５００　米国株　ETF（為替ヘッジあり） ETF 先進国	S&P500®（TTM、円建て、円ヘッジ）	0.08%
1486	上場インデックスファンド米国債券（為替ヘッジなし） ETF 先進国	S&P 米国債7-10年指数（TTM、円建て）	0.10%
1487	上場インデックスファンド米国債券（為替ヘッジあり） ETF 先進国	S&P 米国債7-10年指数（TTM、円建て、円ヘッジ）	0.10%
2511	NEXT　FUNDS　外国債券・FTSE世界国債インデックス（除く日本・為替 ETF 先進国	シティ世界国債インデックス（除く日本、ヘッジなし・円ベース）	0.12%
2512	NEXT　FUNDS　外国債券・FTSE世界国債インデックス（除く日本・為替 ETF 先進国	シティ世界国債インデックス（除く日本、円ヘッジ・円ベース）	0.12%

（SBI 証券より一部抜粋）

米国市場で取引できる ETF の例

コード ▲▼	銘柄名 ▲▼	市場 ▲▼	純資産総額(百万)(基準日) ▲▼	経費率 ▲▼
SPY	SPDR S&P 500 ETF	NYSE Arca	316,461.15 (01/29)	0.09
IVV	iシェアーズ・コア S&P 500 ETF	NYSE Arca	234,162.87 (01/29)	0.04
VTI	バンガード・トータル・ストック・マーケットETF	NYSE Arca	203,992.86 (01/29)	0.03
VOO	バンガード・S&P 500 ETF	NYSE Arca	177,844.32 (01/29)	0.03
QQQ	パワーシェアーズ QQQ 信託シリーズ1	NASDAQ	148,248.78 (01/29)	0.20
AGG	iシェアーズ・コア 米国総合債券市場 ETF	NYSE Arca	86,169.72 (01/29)	0.05
BND	バンガード・米国トータル債券市場ETF	NASDAQ	70,346.41 (01/29)	0.04
GLD	SPDR ゴールド・シェア	NYSE Arca	69,496.03 (01/29)	0.40
VUG	バンガード・米国グロースETF	NYSE Arca	66,836.37 (01/29)	0.04
VTV	バンガード・米国バリューETF	NYSE Arca	62,174.80 (01/29)	0.04
IWM	iシェアーズ ラッセル 2000 ETF	NYSE Arca	61,980.30 (01/29)	0.19
IJR	iシェアーズ・コア S&P 小型株 ETF	NYSE Arca	60,609.72 (01/29)	0.07
IJH	iシェアーズ・コア S&P 中型株 ETF	NYSE Arca	54,231.27 (01/29)	0.07
LQD	iシェアーズ iBoxx 米ドル建て投資適格社債 ETF	NYSE Arca	51,975.95 (01/29)	0.14

（楽天証券より一部抜粋）

PART 5

株価を動かす経済指標を押さえよう

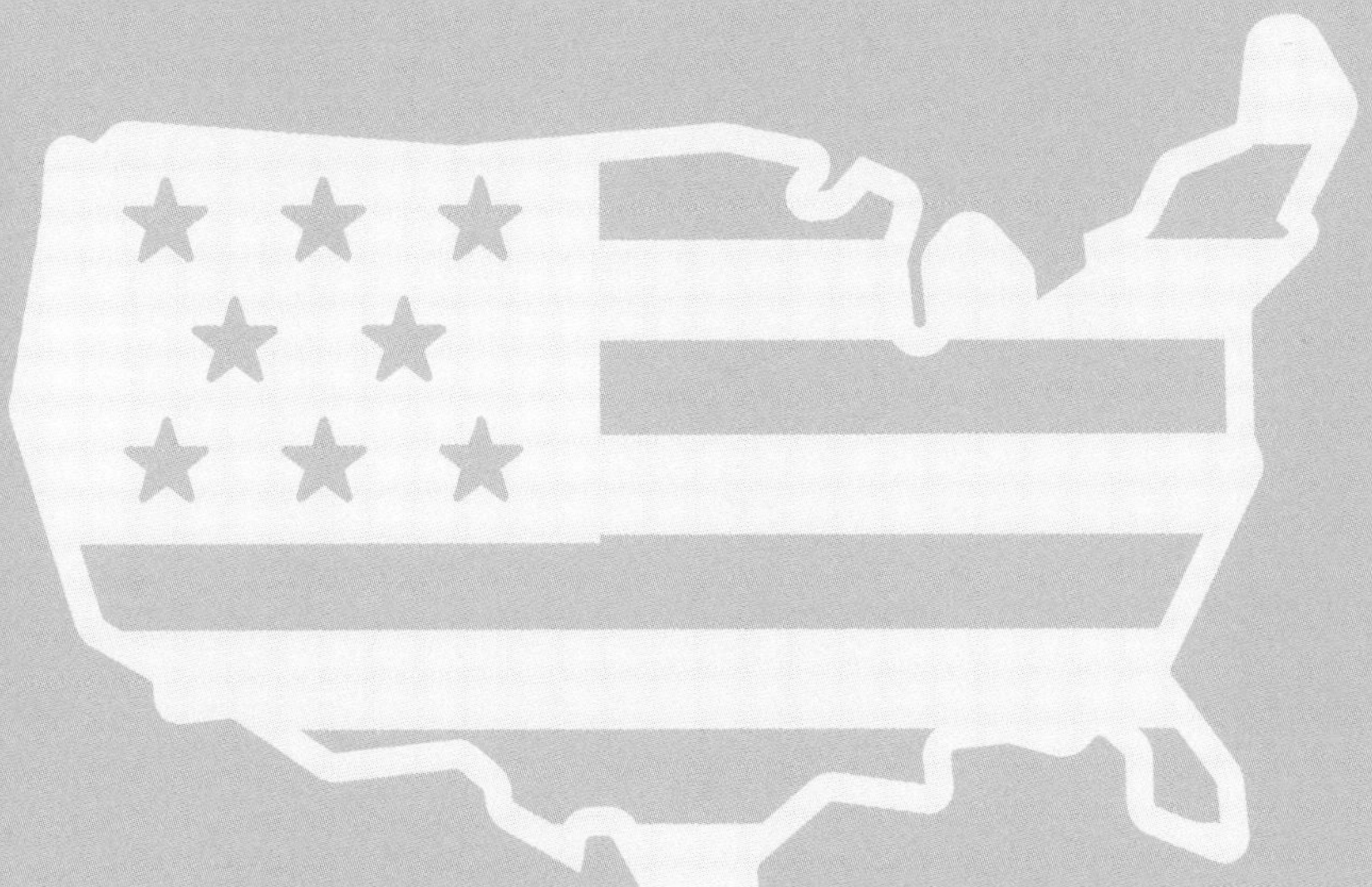

経済指標の基本①

「経済指標」って何？

株価は、経済状況によって大きく左右されます。景気がよくなると予想されれば、株価は上がり、先行き景気が落ち込むと予想されれば株価は低迷します。

景気動向は、経済指標にあらわれます。そのため株式市場は経済指標の発表に注目し、その発表された数字によって株価は上げ下げします。

そこでPART5では米国株に影響を与える経済指標を紹介します。

その前に注意点をあげておきます。

株式市場に好影響を与える発表があったとします。ところが株価は上昇するどころか、下落してしまうケースも多々あります。

企業業績を例にとってみましょう

A社の業績発表がありました。売上は5％の伸び。営業利益は20％、純利益も30％の伸びで最高益を達成したとしましょう。企業は順調に成長し、業績も伸ばしています。普通なら株価は上昇してもおかしくないはず。ところが株価は発表と同時に下落……。

これはあらかじめ株式市場が、事前にA社の好業績を予想し、**株価に「織り込んでいた」**ということになります。あるいは、**事前の予想より業績の伸びがよくなかった**のかもしれません。

たとえばA社の業績を、「売上10%の増収」「営業利益は30%増益」「純利益は40%の伸び」と市場関係者が予想していたとすれば、たとえ増収増益、最高益という実際の発表でも、市場は失望して株は売られてしまいます。

これをとくに「**失望売り**」といいます。

経済指標も同じことがいえます。

多くの専門家や専門機関が重要な経済指標の発表の前に予想数値を出しています。アメリカの経済指標も、日本のシンクタンク等(米国株を扱っていない証券会社でも)で発表されます。あらかじめチェックしておくとよいでしょう。

- 個人消費
- GDP
- 失業率
- 企業の動向
- 金利
- 株価
- 商品市況
- 為替

株価が大きく動くときは、たいてい何かの指標に「サプライズ」があったときなんだ。

経済指標の基本②

世界から注目される米国の経済指標

多くの投資家は、自国はもちろん、主要国の経済指標に常に注意を払っているものです。

なかでも米国の経済指標は世界中の投資家が注目していて、事前の予想から外れた発表がされると、それを機に世界のマーケットが急変することもめずらしくありません。

そもそも米国経済は、**世界の4分の1を占め世界一の規模**をほこっています[*1]（中国も含めると二国だけで4割を占めます）。

つまり米国の経済動向は、世界全体につながっていることになり、それゆえに経済指標にも目が離せないわけです。

ところで、米国のGDP（国内総生産）はその7割が個人消費によって占められています。

その旺盛な個人消費を支えているのが「雇用」で、それをあらわす指標が**雇用統計**です。雇用が悪化すれば失業者が増え（失業率）、個人消費にかげりが生じます。そうすれば、世界中から物を買う（消費する）ことができなくなります。こうして「景気」を左右するのです。

このように、米国株投資に影響するのはもちろんのこと、私たち日本人の生活（景況感）をも左右する米国の経済指標を見ていきましょう。

＊1　IMF（国際通貨基金）の発表によると2017年の世界のGDP（国内総生産）は80兆ドルで、米国が19.5兆ドル（24％）、中国が12兆ドル（15％）、日本が4.9兆ドル（6％）となっています。

本書で取り上げる経済指標

GDP（国内総生産）	雇用統計
FOMC（連邦公開市場委員会）	住宅着工件数
ISM製造業景況感指数	鉱工業生産指数
消費者物価指数（CPI）	

重要な経済指標①

GDP（国内総生産）

GDP（国内総生産）とは、一定期間内に**国内で生み出された財とサービスの付加価値の総額**をいいます。国の経済規模を測るための指標のひとつで、**GDPの伸び率が経済成長率を表します。**

GDPを構成しているもののうち、消費・投資・輸出・政府支出などが大きな要素を占めていて、とくに**消費がGDPの3分の2を占めているの**が米国の特徴です。米国がよく「消費大国」といわれるのはこのためです。

GDPには名目GDPと実質GDPがありますが、**実質GDP**は名目GDPから物価変動の影響を除いたもので、こちらのほうが重視されています。

前項でも触れましたが、米国のGDPは世界の4分の1を占めていて、世界経済に与える影響がとても大きいのが特徴です。

一方、GDPをその国の人口で割って算出するのが**一人当たりGDP**です。その国に住む人々の平均的な所得水準がどの程度かを示す指標で、人々が実感できる豊かさをはかる指標といえるでしょう。

米国の一人当たりGDPは6万5千ドルで世界7位です。[＊2]

GDPは、雇用や消費などの各種統計の〝結果〟を総合的に反映しています。その意味では、次節以降に紹介する指標が、GDPに先行する指標として注目されます。

＊2　日本は25位で約4万ドル。出所はIMF（国際通貨基金）、2019年。

GDP（国内総生産）って何？

発表時期・時間	速報値　1、4、7、10月 改定値　2、5、8、11月 確定値　3、6、9、12月 ＜夏時間＞　日本時間 21:30 ＜冬時間＞　日本時間 22:30
発表機関	米商務省　経済分析局
発表内容	●名目 GDP ●実質 GDP 個人消費、設備投資、住宅投資、在庫投資、政府支出、純輸出（輸出から輸入を引いたもの）で構成される。

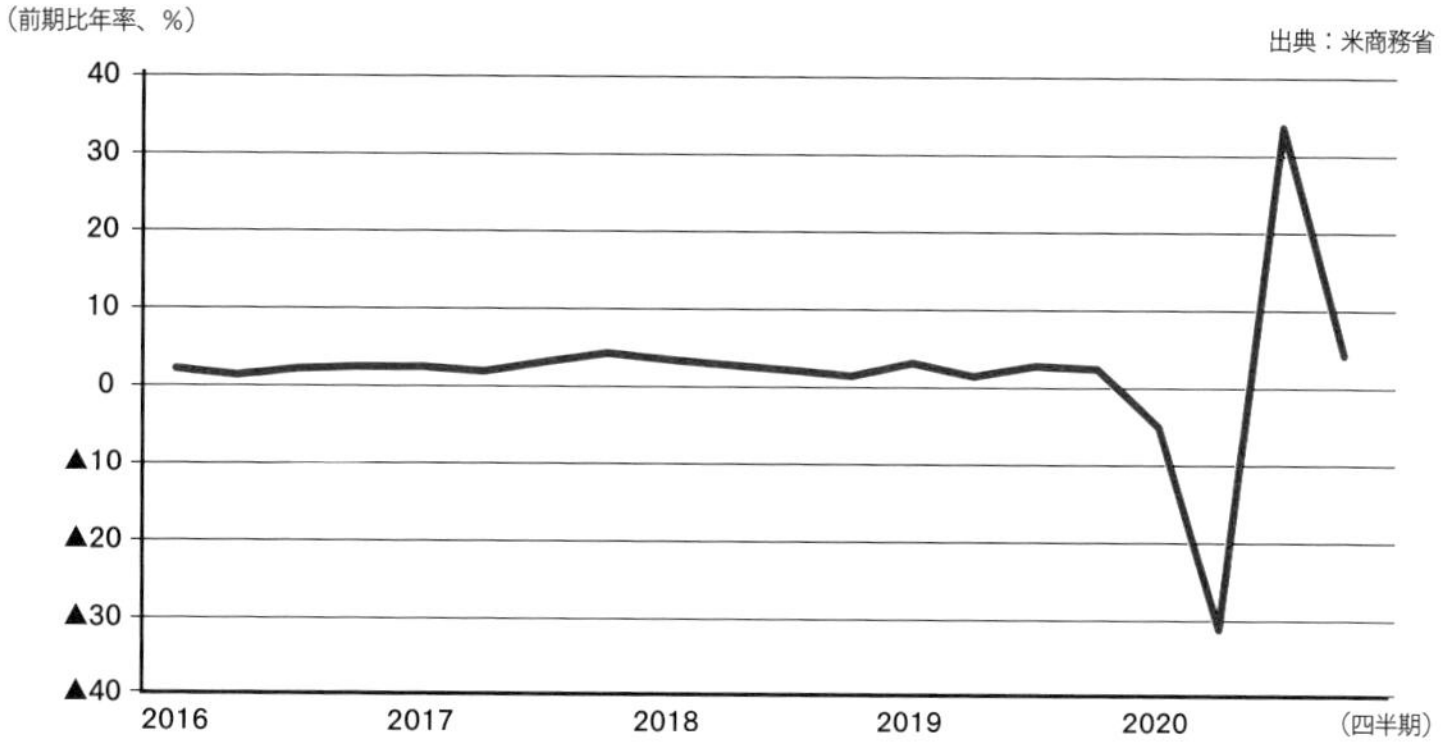

米国の実質 GDP 成長率（前年比年率）

コロナショック時の落ち込みは近年まれにみる水準だったんだ。

重要な経済指標②

雇用統計

　農業を除く産業で働く雇用者の増減を示しているのが雇用統計で、失業率、平均時給、非農業部門雇用者数、金融機関就業数、製造業就業数、建設業就業数など10数項目にわたって発表されます。

　なかでも注目されているのが**非農業部門雇用者数**（経営者や自営業者は除く）と**失業率**です。雇用者が増えれば経済基盤が強いことになり、ＧＤＰ（国内総生産）の7割を占める個人消費に影響します。つまり、**景気がいいのか悪いのか、ダイレクトに映し出す指標**なのです。

　業種別でも発表があり、なかでも注目されるのが製造業における雇用者数です。

　この雇用統計は、とくにＦＲＢ（米連邦準備制度理事会）[＊3]が注目する指標で、金融政策（利上げや利下げをするかしないか、いつするか等）の決定に大きな影響を与えます。

　そのため、数あるアメリカの経済指標のなかでも、**株と為替に与える影響がもっとも大きい指標**で、先物取引やＦＸなどでも大いに注目されています。

　また、エコノミストやアナリストたちの事前予想を裏切ることがよくあることから、発表後に株価や為替が一時的に大きく動くことでも知られています。

＊3　FRB（The Federal Reserve Board）は、米国中央銀行制度の一構成機関で、金融政策策定にあたる最高意思決定機関。日本の日本銀行に相当します。

雇用統計って何？

発表日時

毎月第1金曜日
＜夏時間＞　日本時間 21:30
＜冬時間＞　日本時間 22:30

発表機関

米労働省　労働統計局

発表内容

- ●失業率　労働力人口（働く意志のある16歳以上）のうち、失業者の占める割合
- ●非農業部門雇用者数　農業部門を除く産業分野で、民間企業や政府機関に雇用されている人の数
  - ・週労働時間
  - ・平均時給
  - ・建設業就業者数
  - ・製造業就業者数
  - ・金融機関就業者数」など計10数項目の指標

調査対象

全米約16万の企業・政府機関のおよそ40万件のサンプルを対象に調査

影響

FRBの金融政策に影響

雇用改善	▶個人消費良好 ▶賃金上昇	▶景気改善 ▶インフレ率UP	▶政策金利引上げ見通し
雇用悪化	▶個人消費停滞 ▶賃金低下	▶景気悪化 ▶インフレ率DOWN	▶政策金利引下げ見通し

重要な経済指標③

FOMC（連邦公開市場委員会）

先ほど紹介したFRB（連邦準備制度理事会）の理事らが参加する**米国の金融政策の基本方針を決める会合**、それがFOMC（連邦公開市場委員会）です。[*4]

日本では日本銀行が発表している「金融政策決定会合」に該当します。

約6週間ごとに年8回開催され、**景気が過熱すれば金利の引き上げ（利上げ）**、**景気が後退すれば金利の引き下げ（利下げ）**を実施します。

FOMCは長らく量的金融緩和政策をおこなってきましたが、2015年12月、政策金利である「**FFレート**（フェデラル・ファンド金利）」を0・25%から0・5%に引き上げました。[*5] その後も段階的に金利を上げ、2017年6月には1・25%まで利上げをおこない、さらに12月には金利誘導目標を1・25〜1・5%のレンジに設定しました。

今後も金利は上昇するとみられていましたが、2019年7月に金利を低めに誘導。新型コロナによる感染症の拡大がその流れを加速させ、2020年3月に景気対策として緊急利下げをおこなっています。

為替や株式市場に大きな影響を与えるため、世界中の政財界から注目されている重要指標です。

＊4　FOMCの構成メンバーは12名で、7名がFRBの理事、5名は12地区ある連邦銀行の総裁。FOMC終了後に委員会全体の見解が声明文として示され、3週間後に詳細が議事録が公表されます。

＊5　FFレートは米国の代表的な短期金利で、FOMCでこの金利の変更や誘導目標が示されます。

FOMCって何？

FOMC

読み方：エフオーエムシー
Federal **O**pen **M**arket **C**ommittee

＝「連邦公開市場委員会」

発表日時	約6週間ごとに年8回開催 開催最終日の日本時間 4:15 に発表 サマータイム期間中は 3:15
発表機関	FRB（連邦準備制度理事会）
発表内容	●フェデラル・ファンド金利（FF 金利） 金融政策の誘導目標とする金利 ● FOMC 声明／議事録 委員会全体の見解や話し合われた内容

地区連邦経済報告（ベージュブック）

FOMC の参考資料として提出されるものに、この「ベージュブック」があります。

アメリカの連邦準備銀行全 12 行が管轄地域の経済状況をまとめた報告書で、表紙がベージュ色のためこうよばれています。

FOMC の行方をうらなうもの（株価や為替の動きを予測するための先行指標）として注目されています。

FOMC の開催 2 週間前の水曜日に「ベージュブック」が発表され、地区ごとの経済状況が報告されるんだ。

重要な経済指標④

住宅着工件数

住宅着工件数は**新築の住宅または建物の月間増加数**を統計した指標で、個人消費の景況感をはかるうえで重要です。[*6] また、建設開始となった新築住宅の件数を示すため、**景気の先行きを示す指標**としても使われます。

指標は、件数と前月比の増減により住宅投資の好不調を示します。

統計は、一戸建てと集合住宅に分かれ、一戸建てが全体の約8割を占めます。

住宅市場の動向がうかがえるため、建築関連の銘柄に大きな影響を与えるほか、家具や電化製品など耐久消費財の需要が予測できるため、関連株への影響もうかがい知ることができます。

発表日時	毎月第３週 日本時間 22:30 に発表 サマータイム期間中は 21:30
発表機関	米商務省
発表内容	●新築住宅の件数 景気の先行きを示す 個人消費への波及効果が大きく注目される ●住宅建設許可件数 住宅着工件数の先行指標

類似の指標に**「中古住宅販売件数」**がある
（毎月 25 日発表）

＊６　2020 年 12 月の米住宅着工件数は 2006 年以来の高水準になっています。金融緩和政策で住宅ローン金利が過去最低水準になった影響で、旺盛な需要を取り込んでいるのがわかります。

重要な経済指標⑤

ISM製造業景況感指数

ISM製造業景況感指数は製造業界を対象に毎月アンケートをおこない、その結果を発表するという**現場の景況観を極めてリアルに数値化した指標**です。

具体的にはアメリカ国内の製造業（300社以上）に従事する購買・供給管理責任者を対象に、「新規受注、生産、雇用、入荷状況、在庫」といった項目に関するアンケートを実施し、その結果を毎月集計して月頭の営業日に発表します。*7

集計結果は0から100までのパーセンテージであらわされ、**50%を上回ると景気拡大**、**50%を下回ると景気後退**と判断します。

発表日時	毎月第1営業日 日本時間 0:00 に発表 サマータイム期間中は 23:00
発表機関	ISM（全米供給管理協会）
発表内容	●製造業（300 社以上）の購買・供給管理責任者の景況感を指数化 ・0 から 100 までの％で表す ・50％を景気の拡大・後退の分岐点とする ・50％を上回ると景気拡大を示す ・50％を下回ると景気後退を示す

「ISM 非製造業景況感指数」もある
（毎月第３営業日日発表）

＊7　「良くなっている」、「同じ」、「悪くなっている」の三者択一の回答結果を集計し、季節調整を加えた新規受注・生産・雇用・入荷遅延・在庫の５つの指数をもとに、算出します。

重要な経済指標⑥

鉱工業生産指数

鉱工業生産指数は製造業、**鉱業、電力、ガスなどの実質生産量を発表する経済指標**です。

鋼材の生産量を元に各業種の生産の伸びを予測できるほか、建築資財や耐久財に使われた鋼材の量なども発表されるため、**製造業の景況を事前に察知できる速報性の高い指標**として注目されます。

毎月の発表となるので、四半期ごとに発表されるGDPよりも経済動向を早く知ることができます。[＊8]

なお、具体的に生産量を測れない分野は、労働時間や使用電力量から推計されています。

発表日時	毎月15日前後 日本時間 23:15 に発表 サマータイム期間中は 22:15
発表機関	FRB（連邦準備制度理事会）
発表内容	●米国の製造業、鉱業、公共事業（電気・ガス）の生産動向を、基準時点（現在は2012年）を100として指数化 鉱業や製造業の生産活動状況を総合的にみることができる

＊8　速報性に優れている一方で、GDPに比べて振幅が激しいことでも知られています。

重要な経済指標⑦

消費者物価指数（CPI）

消費者物価指数は**消費者が購入した商品やサービスの価格変化を数値化した経済指標**です。

全米87の都市、約2万3000件の小売・サービス事業所と約5万件の家主や借家人から得た家賃のデータから算出されます。

食料品やエネルギー関連商品の価格は変動が大きく、CPIを左右しがちになります。そのため**食料品やエネルギーを除いた**コア指数にとくに注目したいところです。

米国のインフレに関する最重要経済指標でインフレが懸念される局面では、この指標に大きな注目が集まります。[*9]

発表日時	毎月15日前後 日本時間22:00に発表 サマータイム期間中は21:00
発表機関	米労働省
発表内容	●一般消費者世帯が購入する「商品」と「サービス」の総合的な価格の動きを100として指数化 ・FRBの金融政策に大きな影響を与える ・食品とエネルギー価格を除外した「コア指数」が重視される

＊9　FRB（米連邦準備理事会）やFOMC（米連邦公開市場委員会）が今後の金融政策を決定する上で、非常に参考としている経済指標です。

PART 6

世界一の投資家に学ぶ！投資の極意

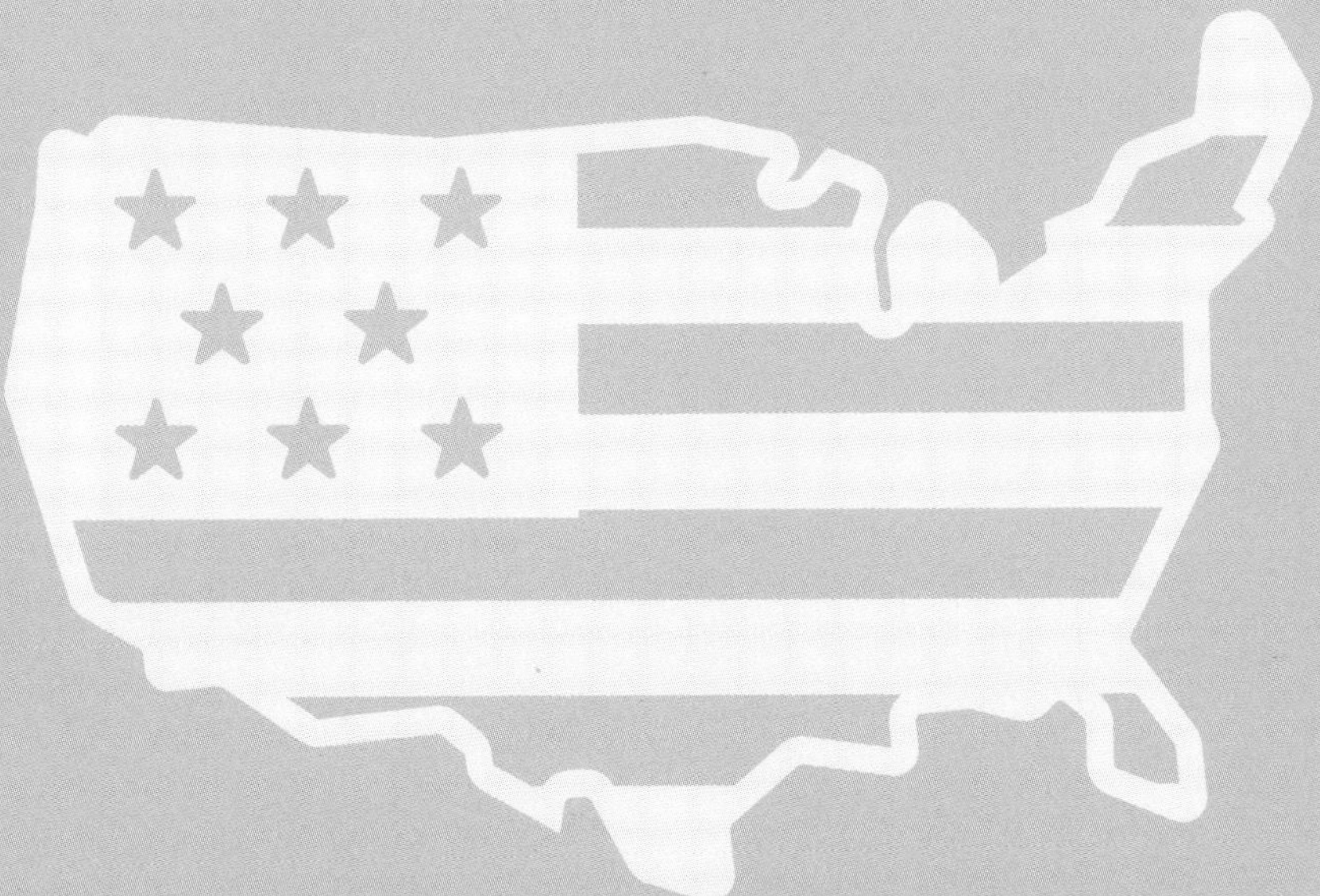

世界一成功した投資家の素顔

序章で世界有数の大富豪となった投資家・ウォーレン・バフェット氏について少しだけ触れました。ここから「バフェット式投資術」について紹介していきます。

まずはバフェット氏の素顔からです。

生家が雑貨屋を営む一方、父親は証券会社を営む影響か、幼いころから商売に対する感覚が研ぎ澄まされたようで、数学が得意だったようです。

6本入りコカ・コカコーラのパックを25セントで購入し、1本5セントでバラ売りして小遣い稼ぎするような少年でした。

その後もさまざまなアルバイトを通して「お金を稼ぐ」体験を若くして学びます。

初めて株を購入したのは11歳のときです。

シティサービス（石油会社）という企業の株を1株38ドルで3株購入します。一時1

株27ドルまで下落しますが、その後40ドルまで戻したところで売却します。

これがバフェット氏の株式投資デビューです。

ただそのとき売却した株はその後長きにわたって上昇を続け、２００ドルを超える価格をつけます。この体験から長期投資の大切さを学んだといいます。


高校３年のときは遊戯機械の中古ピンボールを卸す事業を起業し成功させます（のち売却）。そのままビジネスを続けようとしましたが、父親の強いすすめでコロンビア大学に進学します。

そこで出会ったのが『証券分析』や『賢明なる投資家』といった著作があるベンジャミン・グレアム教授です。

在学中、グレアム教授に師事し、卒業後はグレアム教授が所有していた投資顧問会社に就職、そこでファンドマネージャーとなります。

『賢明なる投資家』

ベンジャミン・グレアム著
（パンローリング）

ベンジャミン・グレアム（1983－1976年）

経済学者で「バリュー投資の父」ともよばれる。バフェットは自らの子をグレアムと名付けるほど、グレアムを師として仰いでいる。『賢明なる投資家』は、「証券分析分野の出版物で次点の候補をあげることさえ困難な最高の書籍である」と述べている。

バフェット氏のフォーカス投資法

ファンドマネージャーとしてバフェット氏が身につけた投資法が「フォーカス投資法」です。

フォーカス投資法は、一言でいえば「**長期的に成長しそうな少数の企業に集中的に投資をして、短期的な市場の上げ下げに動じず長く保有し続ける**」やり方です。

バフェット氏がこの投資法でとくに着目するのは、現在の株価より企業そのものの状況です。

バフェット氏の投資とは対極にある短期投資やデイトレード、スキャルピングは、企業の業績などにはまったく目もくれません。株価の動きにもっぱら気をとられます。

一方バフェット流投資は、**目先の株価の動きにはあまり関心を寄せない**のです。

では何に注目するのかというと、**企業の状況**です。

具体的にはおよそ４つの原則にまとめられます。

①**企業に関する原則**
②**経営に関する原則**
③**財務に関する原則**
④**マーケットに関する原則**

①の企業に関するポイントとしては、まず**事業の内容が簡潔でわかりやすいか**ということです。さらに**安定した業績の裏付けがあり、将来にわたって事業の発展が見込める**かどうかが重要になってきます。

「わかりやすい事業」とは、「**身近な銘柄かどうか**」をひとつのモノサシにするということです。

たとえば、バフェット氏が長年にわたって保有し続ける銘柄にコカ・コーラ株があります。そして何をかくそう、コカ・コーラはバフェット氏の大好物。それも甘いチェリーコークばかり一日に何本も飲むほどで、それだけ投資家自身（バフェット氏自身）にとって身近な銘柄だということです。

続いて②の経営に関するポイントとしては、まず**経営者を見ます**。人柄が誠実かどうか、それはたとえば株主に対して正直であるかどうかが大きなポイントになります。

③の財務に関する原則として、バフェット氏が重視するのが「**株主資本利益率**」（ＲＯＥ）です。そして売上高利益率の高い企業にもターゲットを絞ります。

④そして、企業の価値に対して**割安の株価**で買えるかどうかを見るのです。

株主資本利益率（ROE）

株主資本（＝自己資本）に対してどれだけ効率的に利益を上げているかの指標。数値が高いほど効率的な経営がおこなわれていることを示す。

$$\text{ROE}(\%) = \frac{\text{当期純利益}}{\text{自己資本}} \times 100$$

投資銘柄をごく少数に絞る

バフェット氏の投資に関する仕事場にはパソコンがないといいます。あるのは主に投資先と考えている企業とそのライバル企業に関する年次報告書や四半期決算書などです。

投資先に関しては徹底的に調べ上げるというスタンスです。リアルタイムで動く株価を追い続ける投資スタイルではないので、パソコンが必要ないのです。

なにもここで皆さんに「パソコンを使うな」と言いたいわけではありません。

重要なのは投資先を絞って、**事業内容や業績、財務状況などをじっくり調べ上げることだ**ということです。

バフェット氏は言います。

「個人投資家なら、投資先はぜいぜい5～10社程度までに絞るべきだ」

小資金の個人投資家、ましてこれから米国株投資を始めようとするなら**3社程度**に絞り込むべきでしょう。これは投資効率にも影響してきます。

分散投資という考え方があります。これはリスクを低減させる効果はありますが、リターンという意味では、投資効果を著しく低下させてしまいます。

魅力的な投資先を数社発掘することによって、投資効率を最大限に引き上げる。

このことによって、バフェット氏は巨万の富を築き上げたのです。

年次報告書（アニュアルレポート、10-K）

経営内容についての総合的な情報を掲載していて、経営者の考え方や企業ビジョン、社風などの「数字では見えない資産」を知ることができます。

四半期報告書（Form 10-Q）

四半期ごとにSEC（証券取引委員会）に提出する報告書。

失敗から学べ

巨万の富を築いたバフェット氏も、すべての投資で成功してきたわけではありません。バフェット氏でなくても、どんな投資の名人でも100戦100勝というわけにはいきません。何度も手痛い失敗を繰り返しています。

そうした失敗を埋め合わせるための第一歩は、**真摯に失敗した原因を追究し、そこから学び、同じ過ちを繰り返さないこと**だといいます。

GEICO株（自動車保険会社）の失敗からもバフェット氏は学びました。

1976年にGEICO株を4600万ドルで、発行済株式の3分の1を買い占め、1996年に残りの株を24億ドルで買い付け、同社を完全子会社にしています。

GEICO社はその後も順調に成長し、利益を生みだします。

最初にあわてて売却して失敗したことを深く反省し、分析したことで再投資という行動に出ることができたのです。

バフェット氏は株式投資を野球にたとえて、こうも言います。

「メジャーリーグでも10割バッターはいない」

名スラッガーといえども4割を打てる選手はそうそうは出てきません。3割も打てればかなりの名選手です。

あのイチロー選手も、**「3割打者は、逆にいえば7割は失敗している」**との発言をしています。

投資も同じで、投資したすべての銘柄で成功を収めることは、ほぼ不可能です。

つまり、素直に「失敗」を認めることで傷口を広げずにすむのです。

もうひとつ、バフェット氏の失敗例をあげます。

キャピタル・シティーズ（メディアコングロマリット）という会社の株を1株172ドル50セントで購入します。実はバフェット氏は以前にも同社株に投資していたことがあって、そこそこ利益が乗った43ドル時点で売却していました。

一度利益を確定したあとに値上がりした株に対して、再度投資することは意外と難しいものです。過去の売却判断を誤りと認め、何が正しかったのかを判断しなくてはいけないからです。

この一件に関して、バフェット氏は自らの会社バークシャー・ハサウェイ（投資会社）の株主に次のようなメッセージを送っています。

「新たな間違いを犯す前に、過去の失敗を振り返っておくことはいいことだ」

前の失敗を失敗と素直に認めたからこそ、その後高くなった株をあらためて買い直すことができたのです。

目先の株価の動きは気にしない

バフェット氏の発言には、**「株式投資は、株価を見るのではなく、会社を見なさい」**というものもあります。

これはバフェット氏が長期投資の重要性を説いているのです。目先の株価の動きに目をつける短期売買では、会社の事業などにはほとんど気にかけません。

もし会社がやっている事業がすばらしく成長性がある内容なら、目先の株価の動きにとらわれる必要もないのです、会社そのものの価値は、株価ほどに変化しないはずだからです。

バフェット氏はこうも言っています。

「むしろ株を買った後は、5年間ほど雑音が聞こえてこない無人島にでも行きたい。

その間に会社はちゃんと成長しているはずだ」

会社の事業や業績にかかわらず市場全体の暴落に合わせて、株価も下落してしまうケースもあります。

こういうときの対処法としてバフェット氏はいいます。

「市場の急落は、天からの贈り物だ」

もし購入した株の会社が真にいい事業をおこなって成長の可能性が高いのであれば、株価はすぐに戻すというわけです。つまり市場の暴落こそ、買いに出るチャンスなのです。

株式市場で大暴落が起こったとき、あわてて保有株を売却して損失を出す投資家は多くいます。しかし投資家が企業のことをよく知り、業績もよく把握していたとしたら、そう慌てることはありません。

市況が悪くなって株価が下落したとしても、それは株価の変化であり、会社そのもの

の価値とは関係ないのです。

２０２０年春。新型コロナウイルスが猛威を振るい、世界の株式市場は暴落しました。
しかし、企業の価値にゆるぎない銘柄は、株価の戻りも早いものでした。

「今がチャンス」とばかりに買い出動した投資家も少なからずいたのです。

暴落時こそ「買い」

「市場の急落は、天からの贈り物だ」

バフェット氏は、市場の株価の動きに惑わされるなとしながらも、市場全体が暴落したときは、買いのチャンスと見ていました。長期投資に有効とされる「逆張り」のスタンスです。

市場が急落しているときは、市場心理は冷え切っています。その市場心理をチェックする指標に**VIX指数（＝恐怖指数）**があります。

株式指標であるS&P500をもとに算出される指数で、この数値が高いほど市場参加者の市場に対する不安や恐怖を抱いていると読み取れます。

平常時のVIX指数は10〜20の範囲で動いていますが、**30を超えると警戒領域**といえます。

たとえばリーマンショック時（2008年9月）には、VIX指数は80を超えました。やはり株式市場は大きく下落しています。

しかし後から振り返れば、**この急落時こそ株の買い時だった**ことがわかります。

リーマンショックのあと、NY市場の株価は戻しているのです。

このリーマンショック時を上回るVIX指数の上昇が、2020年3月16日にあらわれています（終値ベース）。いわゆるコロナ禍が猛威を振るい始めたときです。この時点でのV

VIX 指数（恐怖指数）

S & P500 種株価指数を対象とするオプション取引のボラティリティ（変動率）指数。Volatility Index の略。
将来の相場に対する投資家心理を反映し、数値が高いほど投資家の先行き不透明感も強いとされる。
通常は 10 ～ 20 前後で推移する。

IX指数は82・69です。

このときもNY市場の株価は「陰の極（これ以上下げることはないだろうと思われる水準、大底）」でしたが、その後株価は上昇、同年末には市場最高値を更新しました。

市場参加者が恐れおののいているときこそ「買いのチャンス」と覚えておきましょう。

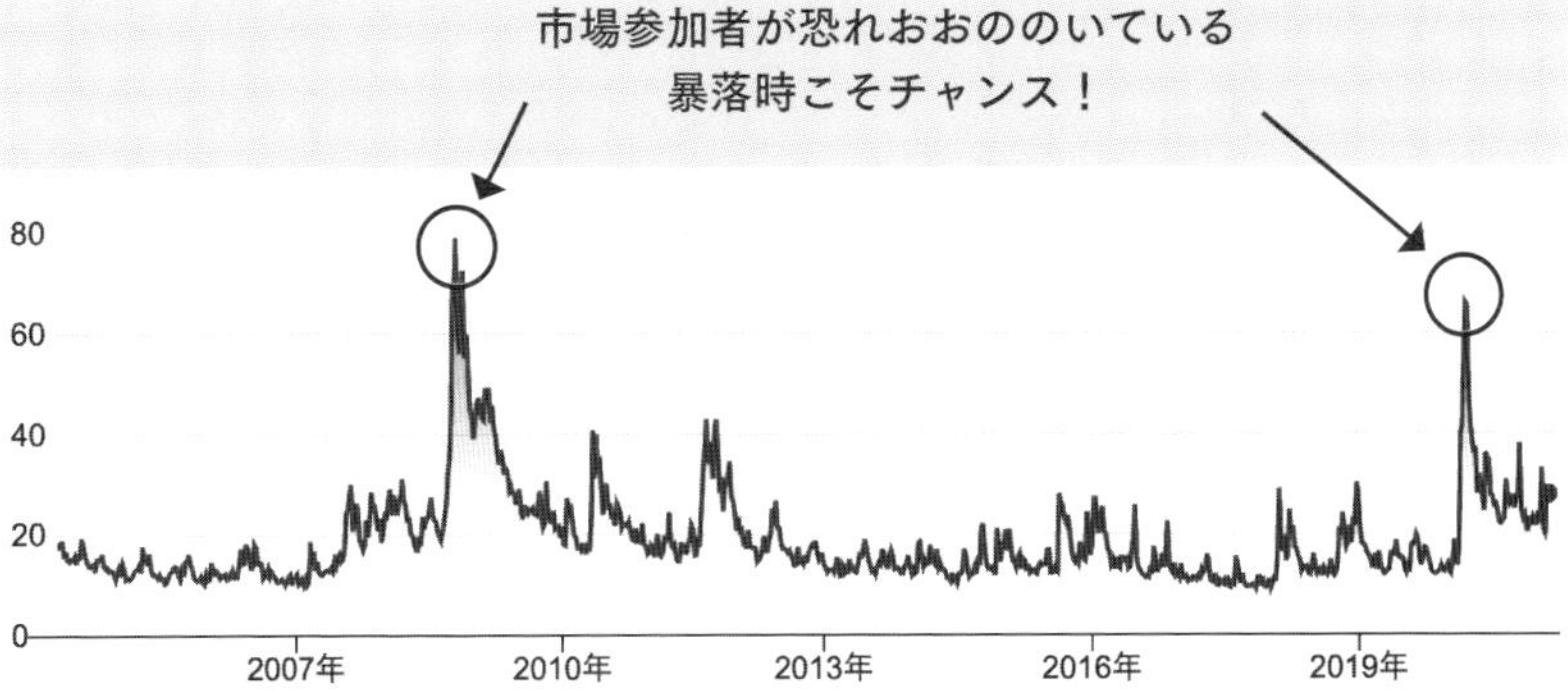

VIX 指数の推移

PART 7

何が違う？

米国株で勝てる人 vs 負ける人

「心の微妙な揺れ」が成績に反映

株式市場は群集心理の微妙な動きが反映されます。

その微妙な動きは、そのまま株式市場を動かします。

投資家もその微妙な心の揺れに左右されると、それが見事に運用成績に反映されます。精神的なタフネスさが求められるわけですが、それは投資家の性格・タイプによって分かれます。

タイプによって長期投資、短期売買にそれぞれ向き・不向きがありますが、ここでは米国株投資に向いている人、向いていない人について私見を述べます（おおよそ長期投資に向いている投資家が、米国株投資にも向いているということになります）。

冷静さが欠かせない

何ごとにも熱くなるタイプの人がいます。

熱中すると、時間も忘れて集中することは「長所」ともいえますが、時に冷静さを欠いてしまうきらいがあります。

投資には、何より冷静さが欠かせません。いざというときの判断に大きなミスを犯してしまうからです。頭に血が昇ると見境がなくなれば、どんどんつぎ込んで「負け」を膨らませてしまいかねません。

株式市場は、ファンダメンタルズが変わって、トレンドが急変することもめずらしくありません。そんなときに頭に血が昇っていては、状況の変化に対応できません。

ここは一時撤退して、出直すのが得策といえますが、それができないのです。

損切りは勇気が求められますが、冷静な判断ができなければ、熱くなると「絶対に損を取り戻す！」とばかりに熱が入って粘ってしまい、さらにはヘタなナンピン買いを入れたりして、傷口を広げかねません。

過去の失敗にとらわれない

過去の失敗を冷静に振り返って、今後に役立てることは大事なことです。

一方で、クヨクヨと過去の失敗にこだわる人がいます。

このタイプの人も判断を誤りがちになります。


たとえば上昇を続けた株でそこそこ利益が出ているとしましょう。そろそろ天井が近いとみて、利益確定の売りを出したとします。

本来ならそこで満足しなければならないところですが、その後も株価が上昇を続けたため「しまった、もっと儲かったんだ！」と悔いを残したりします。

すると、どうなるか。その悔いが次の投資判断を誤らさせるのです。


「まだ上がる、まだまだ！」と欲をかいているうちに株価が下落。

今度は売るタイミングを逸したため、手放せないままになってしまうのです。

株式投資は、当然ですが利益の獲得を第一目的におこなう行為です。

つまり、利益の「確定」が何より大事で、**「利食い千人力」**（利食いは千人の味方にも匹敵するくらい価値があるの意）といった格言もあるくらいです。

少しでも多く稼ぎたいという気持ちは大事ですが、それにとらわれ過ぎると失敗します。「底値で買って、最高値で売る」ということは至難のワザ。名人でもそんな芸当、狙いません。

「鯛の尻尾と頭はくれてやれ」という投資格言もあります。

腹八分目で満足することが、トータルでの勝率を高めることになるのです。

「最高値で売ろう」という気持ちはきっぱり捨てることです。

株価を追いかけない

何の努力もしないで、濡れ手に粟のように利益を得ようとするのは、あまりに虫がよすぎます。銘柄選びから売買のタイミングまで自分の力を最大限に使いましょう。

「金のなる木は水では生きぬ、汗をやらねば枯れていく」という投資格言もあります。これは努力を惜しむことへの戒めでもあります。

米国株投資は長期保有が基本です。

最初の銘柄選びをしっかりおこなっていれば、実はさほど株価の動きを追いかける必要はありません。

長期保有であれば目先の株価の動きに目を奪われてはいけないのです。

投資先の業績をチェックし、マクロ経済の変化に気をつけていれば十分でしょう。

毎日の株価の動きに気をとらわれるのは、かえってマイナスに作用しかねません。

他人の言動を気にしない

何かと他人の目を気にする人がいます。

このタイプがよくないのが、優柔不断で自分で判断がつかないことです。あらぬウワサ話に右往左往して、的確な判断がくだせません。

とりわけ掲示板やSNSでは、無責任な書き込みが多くあります。こうした書き込みをよく見ている人は気をつけるようにしましょう。

根拠がまったくない景気判断、業績予想に惑わされないことが大切です。

雑音をシャットアウトするためにも、**情報ソースはいくつか信頼できる先に絞って押さえること**です。

そうするとしっかり世の中の動きを捉えられるようになり、的確な判断がくだせるようになります。

雑音に惑わされない、確固たる信念を持つようにしましょう。

意地に凝り固まってはいけない

負けず嫌い、意地っ張りも行き過ぎると株式投資にはマイナスに作用します。前述した「すぐに熱くなる人」と共通していますが、冷静な判断がくだせなくなるからです。

このタイプの人は、思惑と違って株価が下落トレンド入りしたにもかかわらず、自らの判断ミスを「ミス」と認めようとしません。

そのため傷口は広がっていく一方になります。

いったん撤収して出直したほうが投資効率はいいはずですが、一度購入した銘柄に固執してしまうからこうなってしまいます。

もし、その銘柄が本当に有望で、将来値上がりする自信があるのならともかく、意地っ張りで単に負けを認めたくないというだけで損失を広げていては、もったいないばかりです。

謙虚でなくてはならない

なぜか初心者であるにもかかわらず、自分の判断が絶対に正しいと信じ切る投資家がいます。たとえ株価が思惑と違う方向に動いたとしても、「自分は間違っていない」「いずれ私が判断した通りに株価は動くはずだ」と根拠もなく信じるタイプです。

このタイプは、自らと異なった相場観の見通しに対し、最初から拒絶してしまう傾向にあります。

自分の都合のいいような情報だけを取捨選択するため、実際に株価が思惑と正反対の方向に動いても、「市場が間違っている、自分の読みのほうが正しい」と失敗を認めないのです。

謙虚な姿勢があれば、「なぜ株価が思惑と反対に動いたのか」を素直に分析するもののです。そうやって失敗の原因を追究することで、失敗を最小限におさえ、ゆくゆく失敗分を埋めることができるのです。

●著者略歴●

安恒　理（やすつね　おさむ）

1959年福岡県生まれ。
慶應義塾大学文学部卒業後、出版社勤務。月刊誌の編集に携わったあと、ライターとして独立する。マネー誌への執筆など、投資からビジネス、スポーツ、サブカルチャーなど幅広い分野で活躍。株式投資歴は、87年のブラックマンデー以降30年以上におよぶ。
著書は『FXで毎日を給料日にする！』（すばる舎）、『めざせ「億り人」！マンガでわかる最強のFX入門 』（新星出版社）、『いちばんカンタン！株の超入門書 改訂2版』（高橋書店）など多数。投資入門書の発行部数は累計90万部以上に達する。

本書の内容に関するお問い合わせは弊社HPからお願いいたします。

はじめての米国株《べいこくかぶ》1年生《ねんせい》　新《しん》・儲《もう》かるしくみ損《そん》する理由《りゆう》がわかる本《ほん》

2021年　3月　28日　　初版発行

著　者　安《やす》　恒《つね》　　理《おさむ》
発行者　石　野　栄　一

明日香出版社

〒112-0005 東京都文京区水道 2-11-5
電話 (03) 5395-7650（代 表）
(03) 5395-7654（FAX）
郵便振替 00150-6-183481
https://www.asuka-g.co.jp

■スタッフ■　BP事業部　久松圭祐／藤田知子／藤本さやか／田中裕也／朝倉優梨奈／竹中初音
BS事業部　渡辺久夫／奥本達哉／横尾一樹／関山美保子

印刷　株式会社フクイン
製本　根本製本株式会社
ISBN 978-4-7569-2132-1 C0033

編集担当　田中裕也

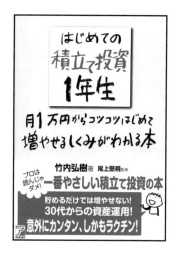

明日香出版社の本

物件をいかに選ぶか？
ではなく、まずは設けるための
"基本作り"を押さえよう！

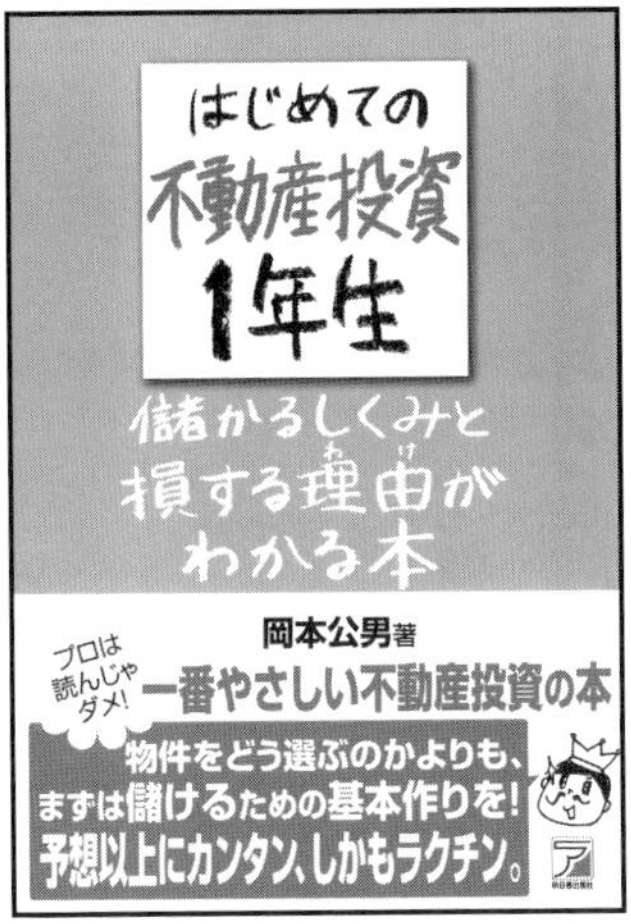

はじめての不動産投資１年生
儲かるしくみ損する理由（わけ）がわかる本

岡本　公男［著］

◉ A5 並製 ◉定価 1600 円＋税 ◉ ISBN 978-4-7569-1882-6

https://www.asuka-g.co.jp/

明日香出版社の本

お金の不安を解消し
家計にゆとりをもたらす処方箋

まだ間に合う　老後資金 4000 万円をつくる！

お金の貯め方・増やし方

川部　紀子 ［著］

◉ B6 並製 ◉定価 1500 円＋税 ◉ ISBN 978-4-7569-1980-9

https://www.asuka-g.co.jp/